U0626274

居家必備

明刻本

居家必備 九

居家必備卷九

藝學下

譜雙
六博譜
除紅圖
馬吊經
捋陣譜

詩訣

歸安茅一相輯

一源　徐迪功

因情以發氣因氣以成聲因聲而繪詞因詞而定韻此詩之源也

二廢　釋皎然

雖欲廢巧尚直而神思不得直雖欲廢言尚意而典麗不得遺

三體　白樂天

有竅有骨有髓。以聲律爲竅，以物象爲骨，以意格爲髓

四深　釋皎然

氣象氤氲深於體勢，意度盤薄深于作用，用律不滯深于聲對，用事不直深于義類

五忌　白樂天

格弱則詩不老，字俗則詩不清，才浮則詩不雅，意短則詩不深，意褷則詩不純

六義　楊仲弘

曰雄渾曰悲壯曰平淡曰蒼古曰沈著痛快曰優游不迫

七戒 楊仲弘

曰差錯不貫串曰直置不宛轉曰妄誕不切實曰綺靡不典重曰蹈襲不識使曰穢濁不清新曰砌合不純粹

八妙 徐廸功

朦朧萌折情之來也汪洋曼衍情之沛也連翩絡屬情之一也馳軼步驟氣之達也簡練揣摩思之約也

頡頏纍貫韻之齊也混純貞粹質之檢也明雋清圓詞之藻也

九準 楊仲弘

立意要高古渾厚有氣槩忌卑弱淺陋鍊句要雄偉清健有金石聲琢對要寧拙毋巧寧朴毋華忌俗野寫景要細密清淡忌庸腐雕巧寫意要景中含意意中帶景議論發明運思清淺書事如大而國事小而家事身事心事用事要因彼證此不可著迹離死事亦當活用下字要精思宜的當如老杜飛星過水白

落月動簷虛鍊中間一字地圻江帆隱天晴木葉聞

鍊末後一字押韻要穩健押韻穩健則一句有精神如柱礎欲其堅牢也

十悟 徐廸功

或鈞旨以植義或宏文以盡心或緩發如朱絃或急張如躍栝或始迅以中留或既優而後促或慷慨以任壯或悲悽而引泣或因拙以得工或發奇而似易詩有十倫總歸超悟

四言詩 王世貞

須本風雅間及韋曹然勿相雜也嘗有白首鉛槧以訓詁求之不解作詩壞亦職亦有專習潘陸忘其鼻祖要之皆日用不知者

擬古樂府

如郊祀房中須極古雅發以峭峻鐃歌諸曲勿便可解有遂不可解須斟酌淺深質文之間漢魏之辭務尋古色相和瑟曲諸小調係北朝者勿使勝質齊梁以後勿使勝文近事毋俗近情毋纖拙不露態巧不露痕寧近無遠寧朴無虛有分格有來委有寔境一

涉議論便是鬼道

古樂府

古曰章今曰解解有多少當是先詩而後聲詩叙事聲成文必使志盡于詩音盡于曲是以作詩有豐約制解有多少又諸曲調解有辭有聲而大曲又有豔有趣有亂辭者其歌詩也聲者若羊吾韋伊那何之類也豔在曲之趨與亂在曲之後亦猶吳聲前有和後有送也

選體

世人往往談西京建安便薄陶謝此似曉不曉者再論彼時諸公卽齊梁纖調李杜變風亦自可采貞元而後方足覆瓿大抵詩以專詣爲境以饒美爲材師匠宜高捃拾宜博

西京建安

詩非琢磨可到要在專習凝領之久神與境會忽然而來渾然而就無岐級可尋無色聲可指三謝固自琢磨而得然琢磨之極妙亦自然

七言歌行

靡非樂府然至唐始暢其發也如千鈞之弩一舉透革縱之則文漪落霞舒卷絢爛一入促節則淒風急雨窈冥變幻轉折頓挫如天驥下坂明珠走盤收之則如橐聲一擊萬騎忽歛寂然無聲

歌行

有三難起調一也轉節二也收結三也惟收爲尤難如作平調舒徐綿麗者結須爲雅詞勿使不足令有一唱三歎意奔騰洶湧驅突而來者須一截便住勿留有餘中作奇語峻奪人魄者須令上下脉相顧一

起一伏一頓一挫有力無跡方成篇法

五言律

差易得雄渾加以二字便覺費力雖曼聲可聽而古色漸稀七字爲句字皆調美八句爲篇句皆穩暢雖復盛唐代不數人人不數首

七言律

不難中二聯難在發端及結句耳發端盛唐人無不佳者結頗有之然亦無轉入他調及收頓不佳之病篇法有起有束有放有斂有喚有應大抵一開一闔

闔一揚則一抑一象則一意無偏用者句法有直下者有倒插者倒插最難非老杜不能也字法有虛有寔有沈有響虛響易工沈實難至篇法之妙有不見句法者句法之妙有不見字法者有俱屬象而妙者有俱屬意而妙者有俱作高調而妙者有直下不偶對而妙者皆典與境諧神合氣完使之然五言可耳七言恐未易能也勿和韻勿拈險韻勿傍用韻句亦然勿偏枯勿求理勿搜僻勿用六朝强造語勿用大曆以後事此詩家魔障慎之慎之

絕句

絕自難五言尤甚離首即尾離尾即首而要腹亦自不可少妙在愈小而大愈促而緩

和韻聯句

皆易爲詩害而無大益偶一爲之可也然和韻在于押字渾成聯句在于才力均敵聲華情寔中不露本等面目乃爲貴耳

騷賦

雖有韻之言其於詩文自是竹之與草木魚之與鳥

獸別爲一類不可偏屬騷辭所以總雜重複與奇不一者大抵忠臣怨夫惻怛深至不暇致詮亦故亂其敘使同聲者自尋修郄者難摘耳今若明白條易便乖厥體

作賦之法

已盡長卿數語大抵須包蓄千古之材牢籠宇宙之態其變幻之極如滄溟開霽絢爛之至如霞錦照灼然後徐而約之使指有所在若汗漫縱橫無首無尾了不知結束之妙又或瑰偉宏富而神氣不流動如

大海乍涸萬寶雜厠皆是瑕璧有損連城然此易耳惟寒儉率易十室之邑借理自文乃爲害也賦家不患無意患在無蓄不患無蓄患在無以運之

擬騷賦

情兼風雅而後可言騷覽之須令人裴回循咀且感且疑再反之沈吟歔欷又三復之涕淚俱下情事欲絕賦覽之初如張樂洞庭褰帷錦宮耳目搖眩已徐閱之如文錦千尺絲理秩然歌亂甫畢肅然斂容掩卷之餘徬徨追賞

詩話自唐宋論著無慮百什家唯此卷洵厥體金

針函爲拈出陳珂䟦

且發兩歧之流以為源又三發之衛為頁下衛主揚
謂越覺之初相生偏道之數謂之衛見目過之
鍼經為法出於西域故名象用南華篇然流
法者自唐宋諸書無應百什家中出卷治源體金

畫麈

吳郡沈顥

表原

世但知封膜作畫不知自舜妹嫘始客曰借此神技剏自婦人予曰嫘實脫舜于瞍象之害則造化在手堪作畫祖

分宗

禪與畫俱有南北宗分亦同時氣運復相敵也南則王摩詰裁構淳秀出韻幽澹爲文人開山若荆關宏

欒董巨二米子久叔明松雪梅叟迂翁以至　明興沈文慧燈無盡北則李思訓風骨奇峭揮掃躁硬爲行家建幢若趙幹伯駒伯驌馬遠夏珪以至戴文進吳小僊張平山輩日就狐禪衣鉢塵土

定格

少陵云高簡詩人意今人刻意求簡便落倪迂不刻意求簡欲爲倪迂不可得也

趙大年平遠遞家眼目翦伐町畦天然秀潤從輞川叟得來然昔有評者謂得胸中千卷書更奇古則無

書可以無畫

予創作十筆圖以聞同社尚繁者芟洗日淨頹林斷渚味外取味如經所云霹靂火中清冷雲也挹之有神摸之有骨玩之有聲唐人云漫漫汗汗一筆耕一草一木棲神靈恍疑畫中有物物中有聲此僅爲智者道吁嘉隆而後神骨且乏况聲乎

層巒疊嶂如歌行長篇遠山跡麓如五七言絕愈簡愈入深永庸史涉筆拙更難藏

董北苑之精神在雲間趙承旨之風韻在金閶已而

交相非非非非趨也董也非非因襲之流弊流弊既極遂有矯枉至習矯枉轉爲因襲共成流弊其中機棙循遷去古愈遠自立愈羸何不尋宗覓派打成冷局非北苑非承青非雲間非金昌非因襲非矯枉孤蹤獨響戛然自得

辨景

山於春如慶於夏如競於秋如病於冬如定

筆墨

筆與墨最難相遭具境而皴之清濁在筆有皴而勢

之隱現在墨

米襄陽用王洽之潑墨參以破墨積墨焦墨故融厚有味予讀天隨子傳悟飛墨法輪廓布皴之後絹背烘漫以顯氣韻沉鬱令不易測題曰黯然鼓毫瞪目失綃巇酣瀑呼或臞所都一墨大千一點塵刦是心所現是佛所說

寒山凡夫與予論筆尖筆根卽偏正鋒也一日從晉人渴筆書得畫法題曰樹格落落山骨索索溪嵡草茸雲秀其中斧筆悦頑妄窮真露古人云畫無筆跡

如書家藏鋒若騰觚大掃作山水障當是狂章筆跡不計

位置

近日畫少丘壑習得搬前換後法耳

大癡謂畫須留天地之位常法也予每畫雲煙着底危峯突出一人綴之有振衣千仞勢客訝之予曰此以絕頂爲主若兒孫諸岫可以不呈巖腳柯根可以不露令人得之楮筆之外客曰古人寫梅剔竹作過墻一枝離奇具勢若用全幹繁枝套而無味亦此意

乎予曰然

行家位置稠密不虛情韻特減仙澗以驚雲落靄東巒籠樹便有活機米氏謂王維畫目之最多皆如刻畫不足學惟以雲山爲墨戲雖偏鋒之語亦不可無

古人有活落處殘剩處嫩率處

郭河陽云遠山無皴遠水無波遠人無目予亦云遠山有平無曲遠水有去無來遠人宜孤不宜侶

一幅中有不際不要處特有深致

胸中有完局筆下不相應舉意不必然落楮無非是

機之離合神之去來既不在我亦不在他臨紙操筆時如曹瞞欲戰若罔欲戰頭頭取勝矣

先察君臣呼應之位或山爲君而樹輔或樹爲君而山佐然後奏管傳墨者用朽炭疇躇更易神餒氣索愈想愈劣

刷色

右丞云水墨爲上誠然然操筆時不可作水墨刷色想直至了局墨韻既足則刷色不妨

點苔

山石點苔水泉索線常法也叔明之渴苔仲圭之攢苔是二氏之一種今之學二氏以苔取貨鈍漢也古多有不用苔者恐覆山脉之巧障皴法之妙今人畫不成觀必須叢點不免嫫女添瘢之誚

命題

郭熈云作畫先命題爲上品無題便不成畫此語近于膠柱譬古人作詩或有詩無題即命題不可以無題題之若題在詩先其響不之天而之人乎徐聲遠云宴坐絶詩詩將自至麾之不去得句成篇題與無

題於詩何有良工繪事有布置而寔無布置無布置
而寔有布置象之所有不必意意之所有不必象理
不離于異見事不關乎意用此中一着些子便判人
天何假命題或者脫局賞心摭詞摘語固無不可
自題非工不若用古用古非解不若無題題與畫互
爲注腳此中小失奚啻千里
古來豪傑不得志于時則漁耶樵耶隱而不由然嘗
托意于柔管有韻語無聲詩借以送月故伸毫搆景
無非拈出自家面目今人畫漁樵耕牧題不達此意

作個穠夫漁父傴僂于釣絲成施于樵斧略無坦逌
自得之致令識者絕倒

落欵

元以前多不用欵欵或隱之石隙恐書不精有傷畫
局後來書繪並工附麗成觀
迂瓚字法遒逸或詩尾用跋或跋後系詩隨意成致
宜宗
衡山翁行欵清整石田晚年題寫灑落每侵畫位翻
多奇趣白陽輩效之

一幅中有天然候欵處失之則傷局

臨摹

臨摹古人不在對臨而在神會目意所結一塵不入似而不似不似而似不容思議

孫虔禮右軍書而孫虔截然李何學工部詩而李何各別雖然彼觀劍而悟走蛇而成其爲師也非上上根不能

董源以江南真山水爲稿本黄公望隱虞山即寫虞山皴色俱肖且日囊筆研遇雲姿樹態臨勒不捨郎

河陽至取眞雲驚湧作山勢尤稱巧賊應知古人稿
本在大塊內吾心中慧眼人自能覷着又不可撥寘
程泒作濟蕩生涯也

稱性

了事漢意到筆隨潰墨掃紙便是拈花擘竹
頓漢中題倪迂畫云初以董源爲宗後迂自題師子
林圖云此畫得荊關遺意非王蒙輩所能夢見俱不
免有前人在晚年隨意抹掃如獅子獨行脫落儕侶
一日燈下作竹樹傲然自得曉起展視全不似竹迂

笑曰全不似處不容易到耳

有一畫史日間作畫夢即入畫曉復寫夢境每入神遂有蠅落屏端水鳴林上魚兆躍水龍能破垣稱性之作直操玄化蓋緣山河大地器類羣生皆自性現其間卷舒取捨如太虛片雲寒潭雁跡而已

遇鑒

專摹一家不可與論畫專好一家不可與論鑒畫

昔人云看畫以林泉之心臨之則高以驕侈之目臨之則卑間嘗不可與賞心者同年語也予故云畫逢

青眼神偏王論到黃金氣不靈

今見畫之簡潔高逸曰士夫畫也以爲無寔詣也實詣指行家法耳不知王維李成范寬米氏父子蘇子瞻晁無咎李伯時輩皆士夫也無寔詣乎行家乎

世人遇世人畫則賞解人遇解人畫則賞習相近也

目計不足歲計有餘無其人故無其畫

請指名家法于不知王維今成流寓來凡文子繼子
今見諸之簡激前遊同主大費也似為無定法也實
青雖而備王論到定金氣不遠

琴箋圖式

元　陶宗儀

琴面制度

琴腹制度

琴底制度

古琴式

琴面制度

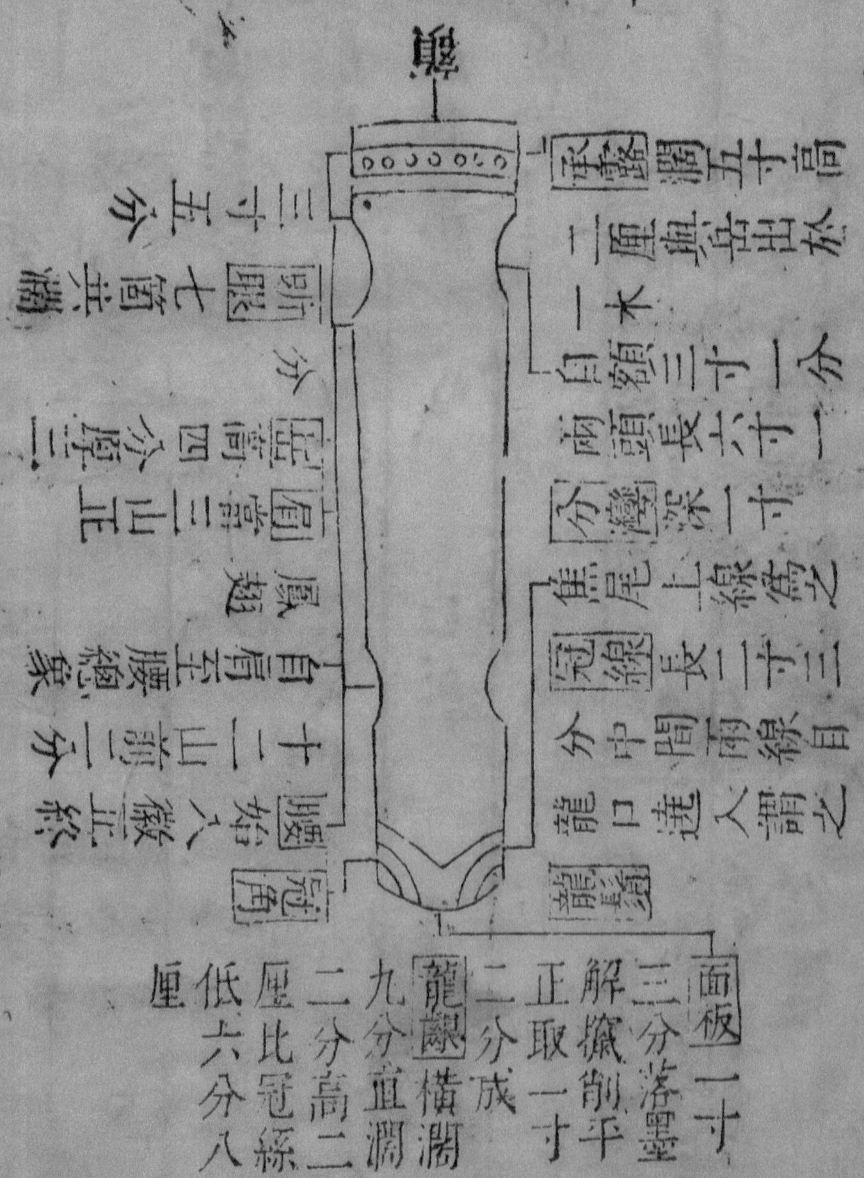
頭
承露闊五寸高一厘與岳出於一木
白額三寸一分
兩頭長六寸一分
鑾深一寸
焦尾上線為之
冠線長二寸三分中間兩線目
龍口連入謂之龍齦
頭眼七箇共闊三寸五分
岳高四分厚三分
肩高三山正
鳳翅
自肩至腰總象十二山前二分
腰始入徽正終
冠角
面板一寸三分落墨解攛削平正取一寸二分成
龍齦橫闊九分直闊二分高二厘比冠絲低六分八厘

槽腹制度

古穴刻深一寸一分盃通潤六分構潤二寸六分上彎下直若覆新月之形刻木若安在內比額縮半分當九十山處留寔木一寸二分以安足謂之當池沼槽腹微降若非虛然聲欲出而臨有餘韻

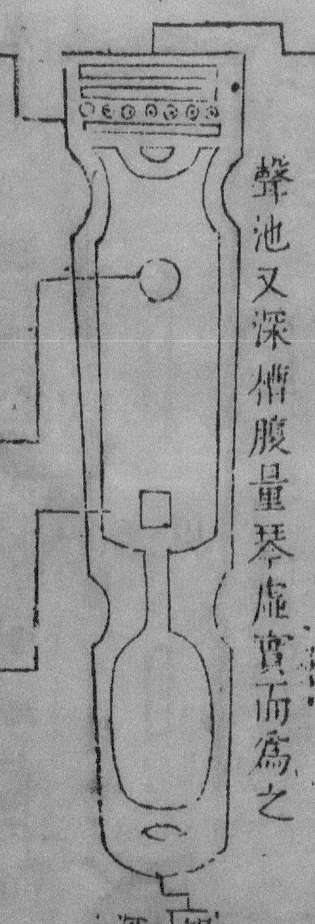

鳳池又深於腹量琴虛實而為之

韻沼又深槽腹

龍池底貼務尾深四分二厘至五分自中山至至中山間腹刻深山下安槽腹自項

天柱肩七分當三下一寸間安八山闊二五七山

地柱方六分當七

添底合縫兩邊自岳至肩闊五分漸減至尾四寸半兩頭一寸許

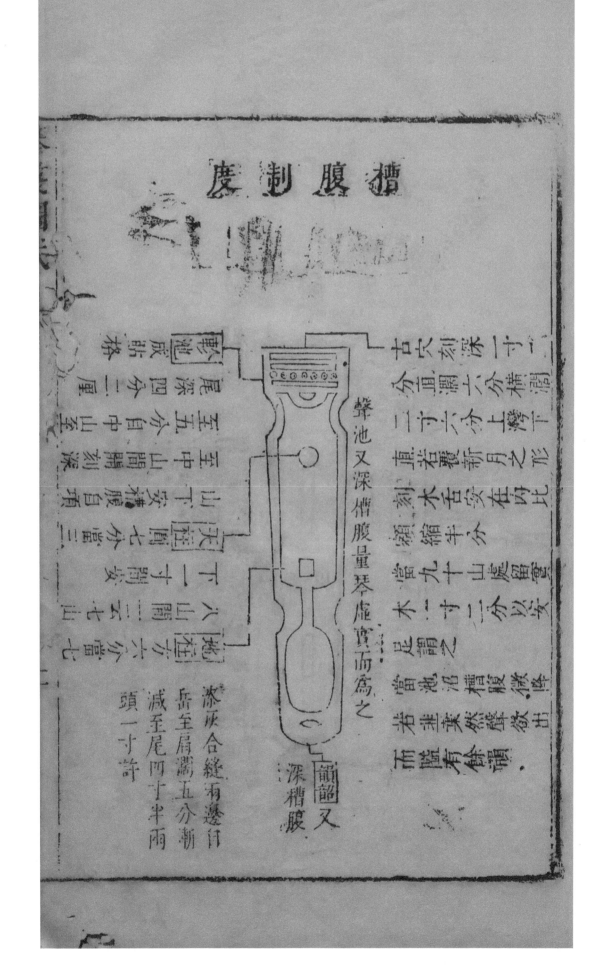

琴底制度

軫池橫闊四寸二分成直闊五分成深三分貼在外

鳳足距圓闊一寸中節圓闊五分兼闊四分而方共長一寸八分入眼八分眼方四分當九十山間

焦尾下貼格高七厘入底板二厘兩旁直闊一寸三分中間闊八分

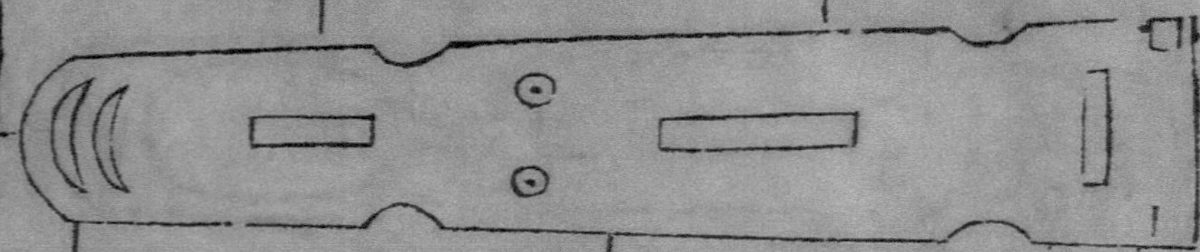

下齦刻深六厘外闊七分內闊八分半

沼闊七分成貼在外前始十山後四分終十三山正

池闊七分七厘成貼在外前始四山後七分終七山前七分

底板厚三分成

隱掌名護軫

伏羲

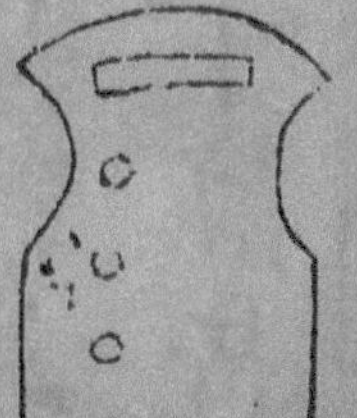

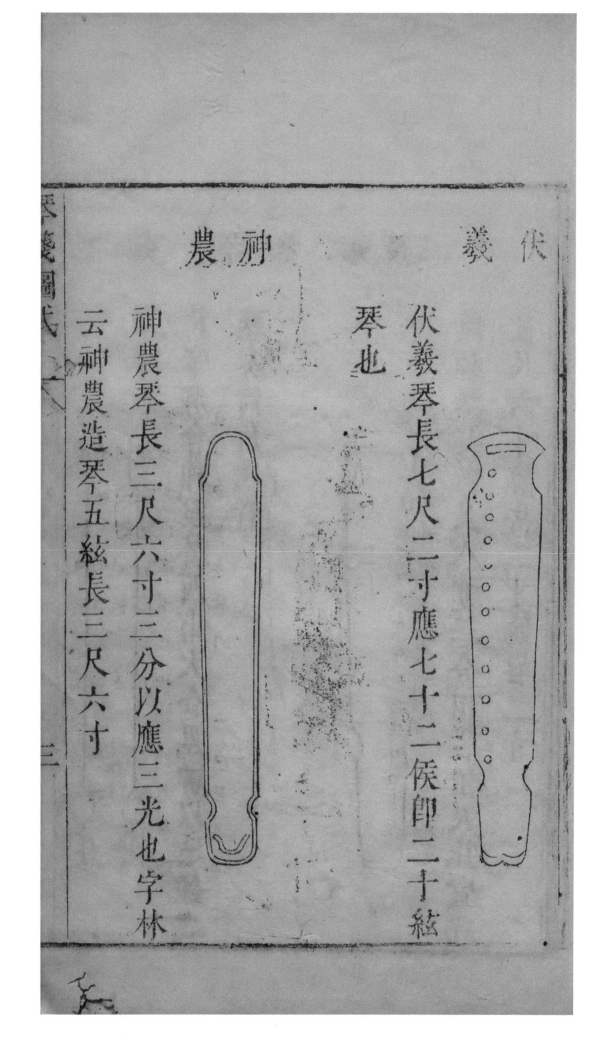

伏羲琴長七尺二寸應七十二候即二十絃琴也

神農

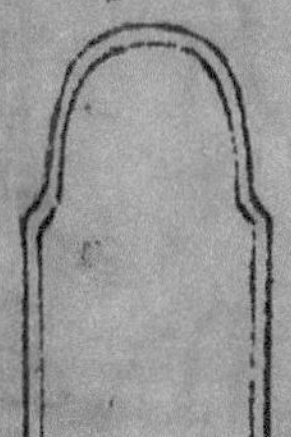

神農琴長三尺六寸三分以應三光也字林云神農造琴五絃長三尺六寸

遞鍾

黃帝將會神靈於西山大合鬼神以遞鍾之琴奏淸角之音

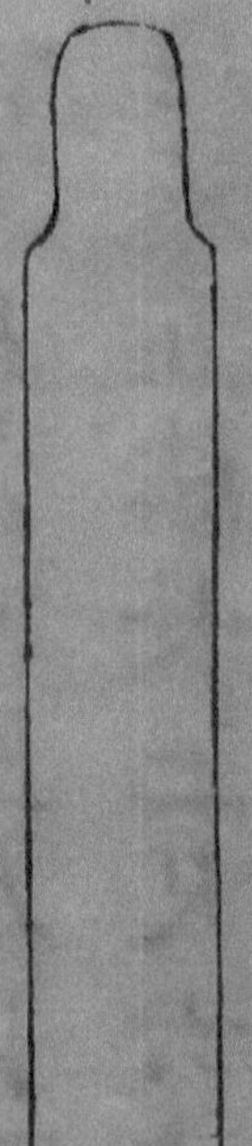

虞琴

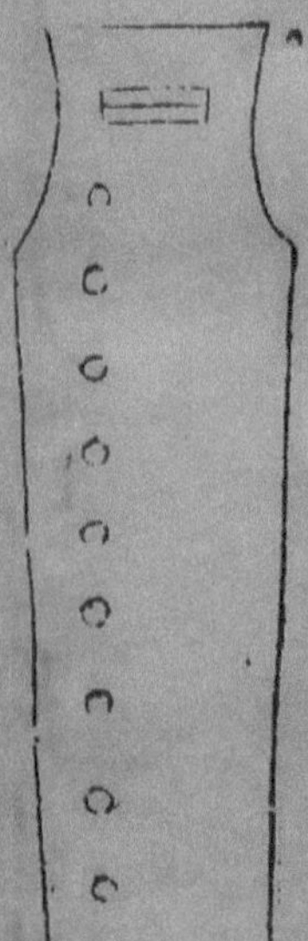

虞舜琴長三尺八寸二分用古玉尺比宣聲三尺六寸臨岳二寸龍脣二寸

絃

般師絃撫一絃琴則神祇降

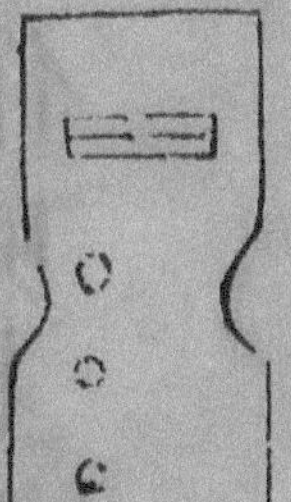

月琴

晉師曠作中爲月形圖寫山水

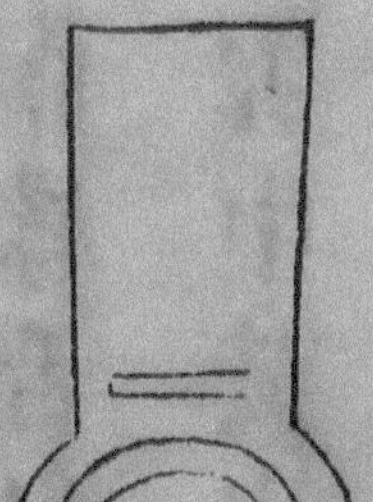

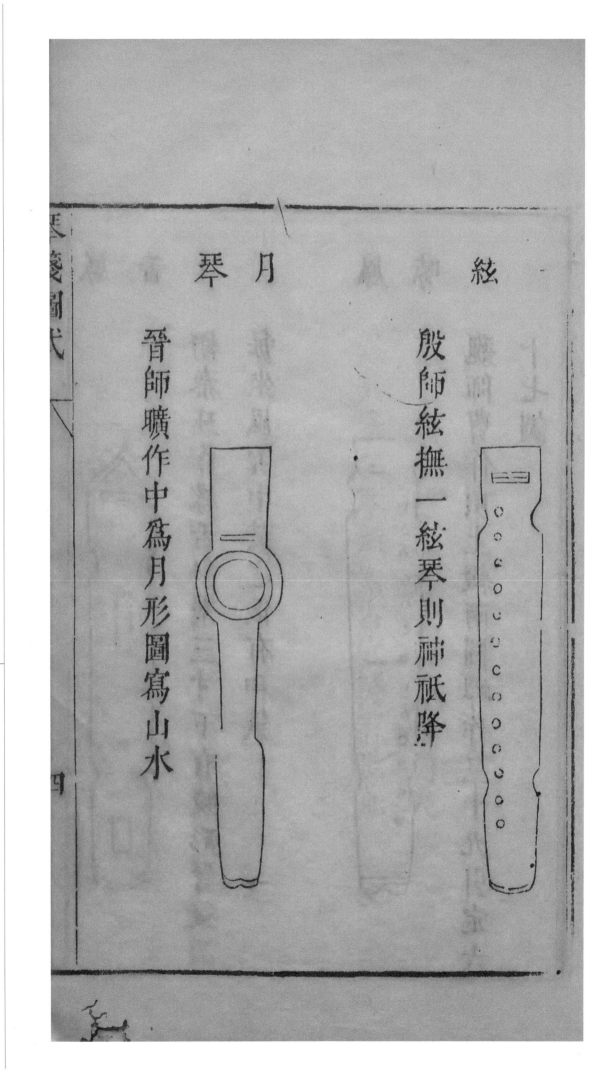

鳳舌

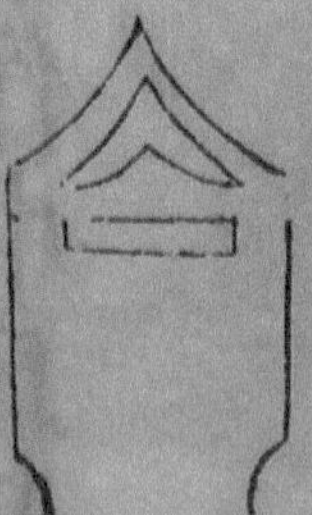

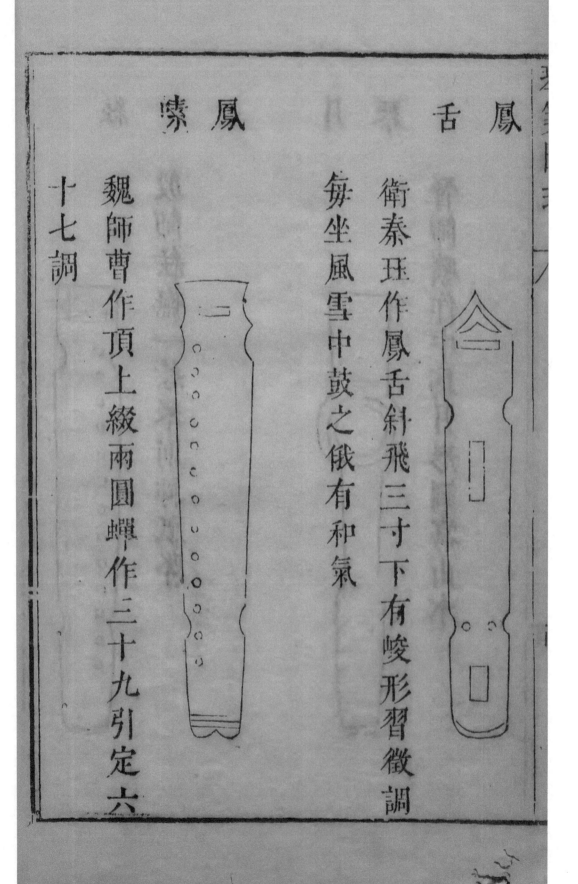

衛泰珽作鳳舌斜飛三寸下有峻形習徵調毎坐風雪中鼓之俄有和氣

鳳嗉

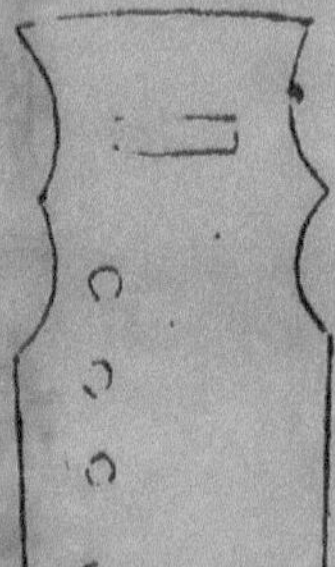

魏師曹作頂上綴兩圓蟬作三十九引定六十七調

仲尼

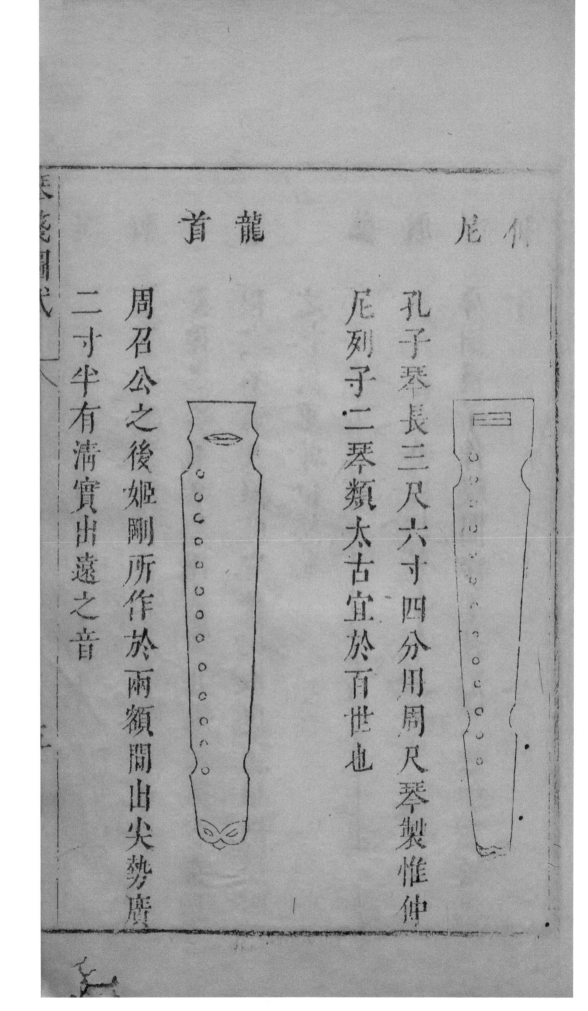

孔子琴長三尺六寸四分用周尺琴製惟仲尼列子二琴類太古宜於百世也

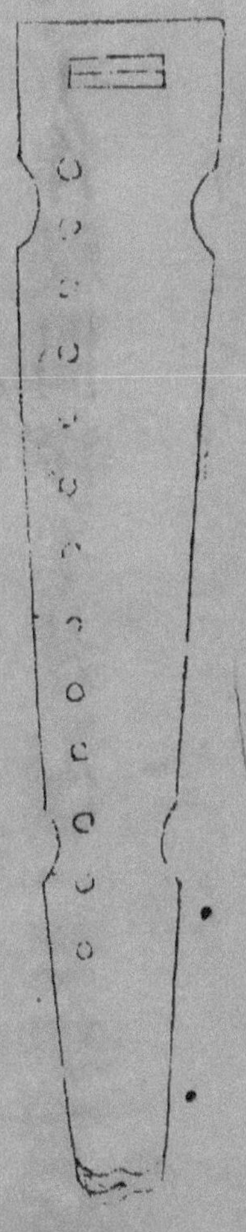

龍首

周召公之後姬剛所作於兩額間出尖勢廣二寸半有淸實出遠之音

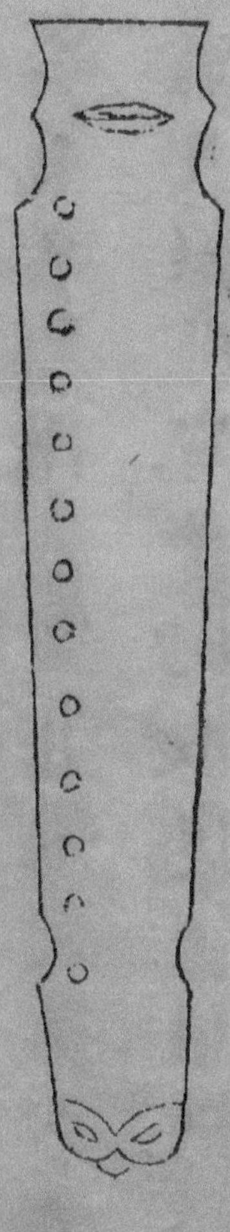

雲和

雲和之琴冬至之日於地上圜丘奏之蓋雲和之木與天相應空桑之木與地相協龍門之林與鬼神和故也

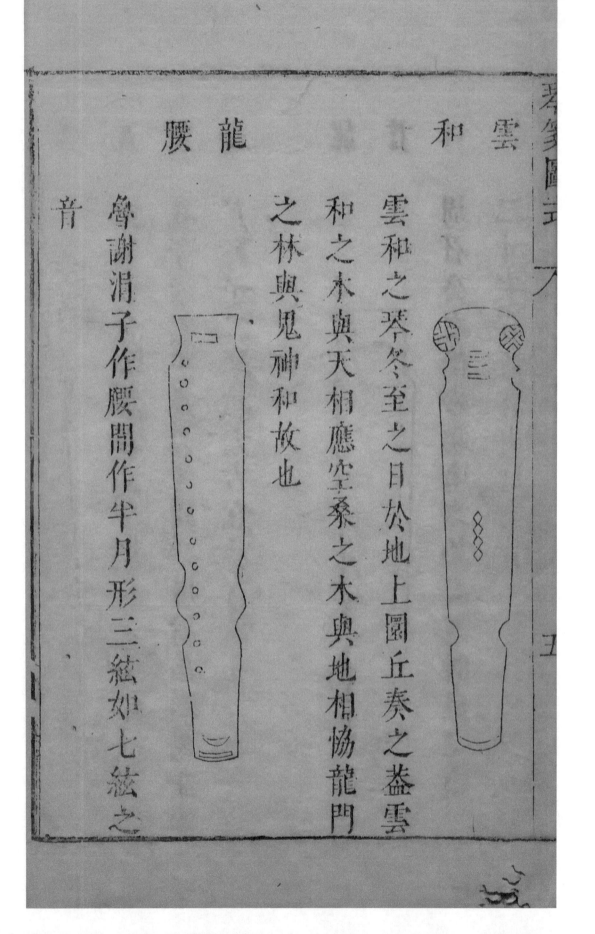

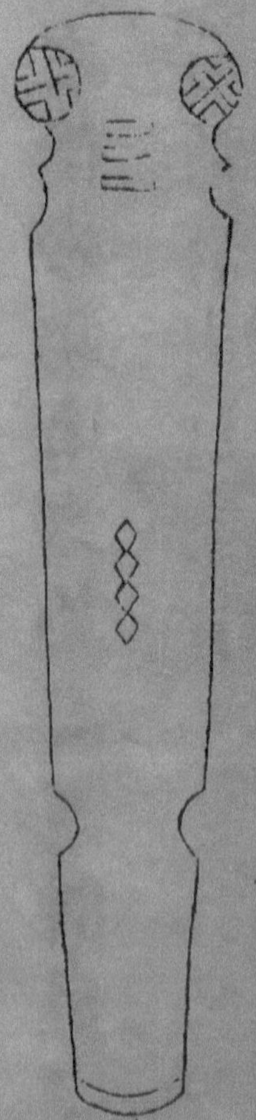

龍腰

魯謝涓子作腰闊作半月形三絃如七絃之音

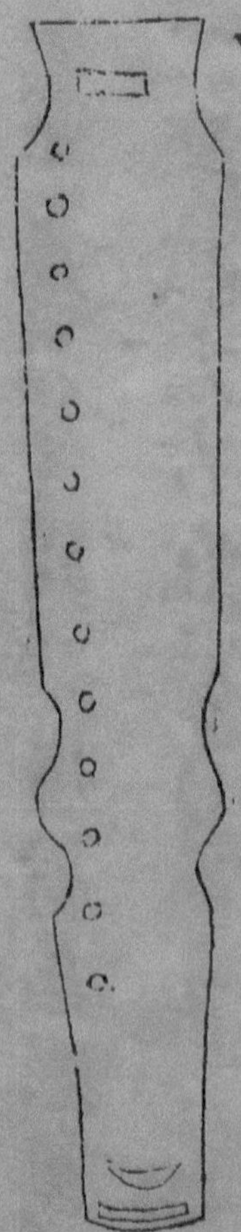

龍額

魯賀雲作頂肩斜生一寸二分五絃當於准

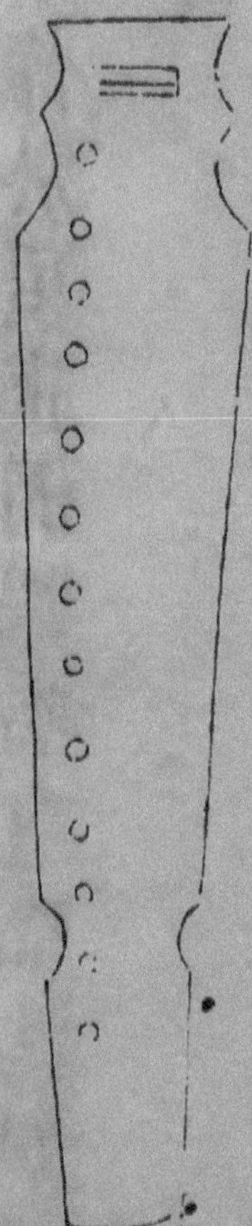

華子

華子作於額覆兩月勢有清濁風雨之音

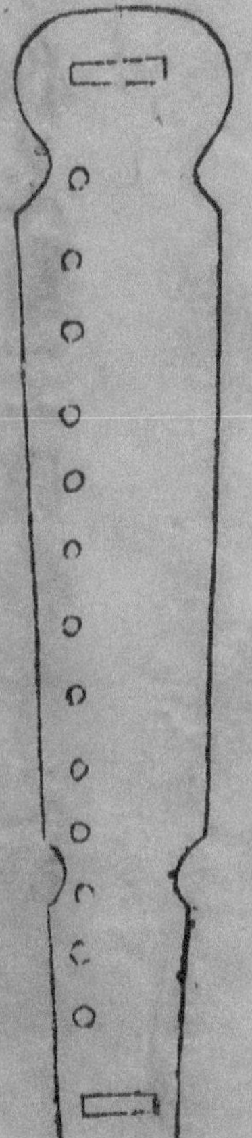

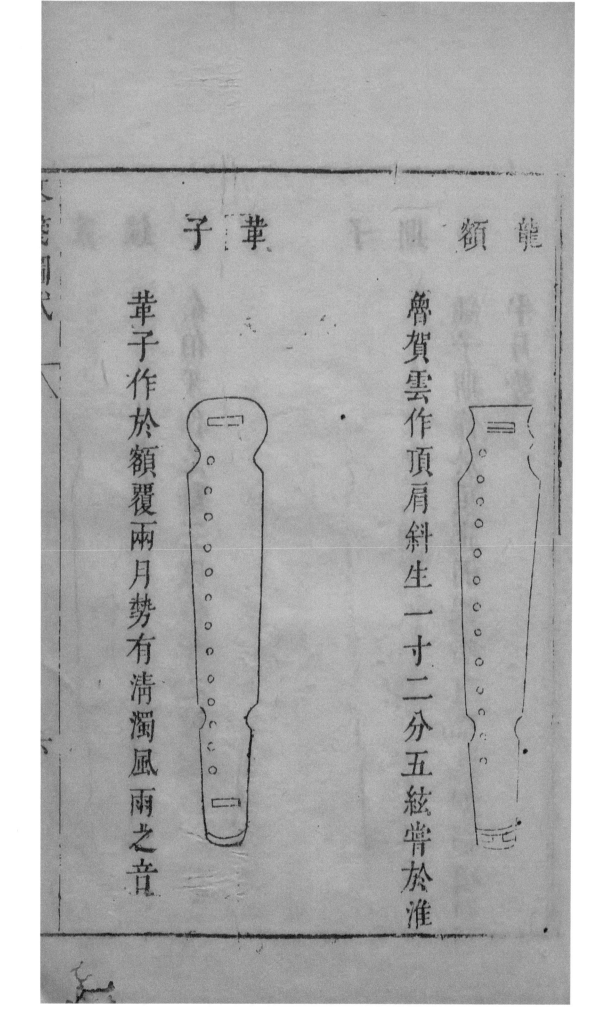

號鐘

余伯牙作楚辭云破伯牙之號鐘

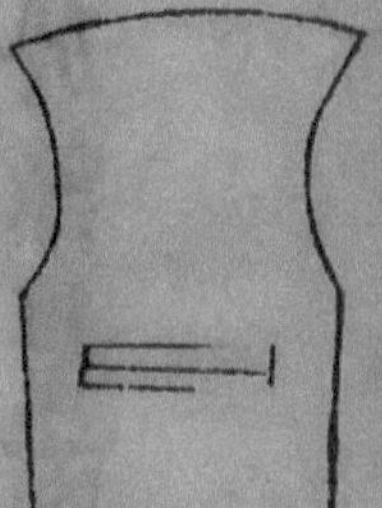

子期

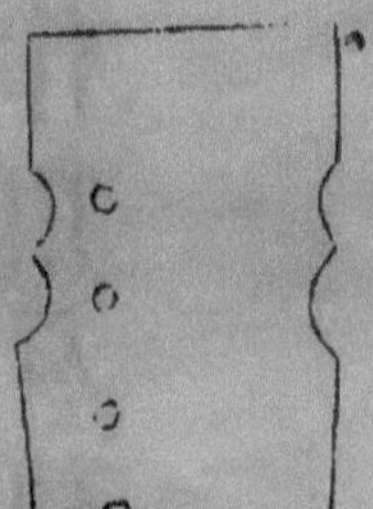

鍾子期作於頂直而深端有亂紋如絲項制

半月勢

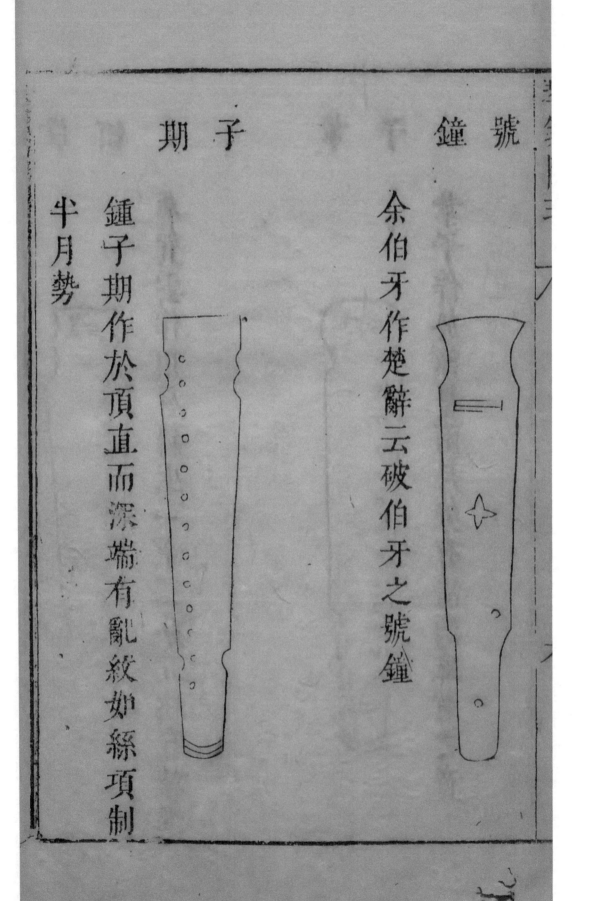

亞額

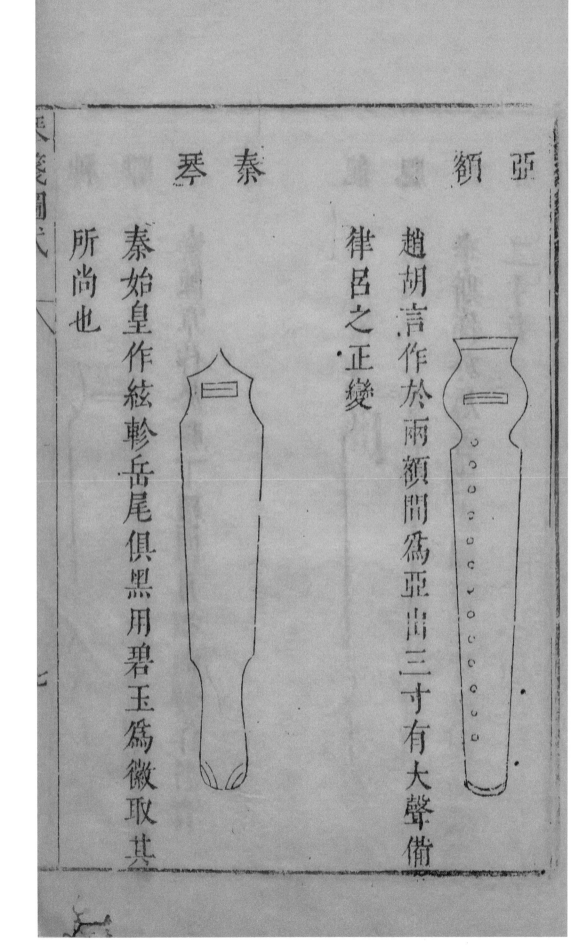

趙胡言作於兩額間爲亞出三寸有大聲備律呂之正變

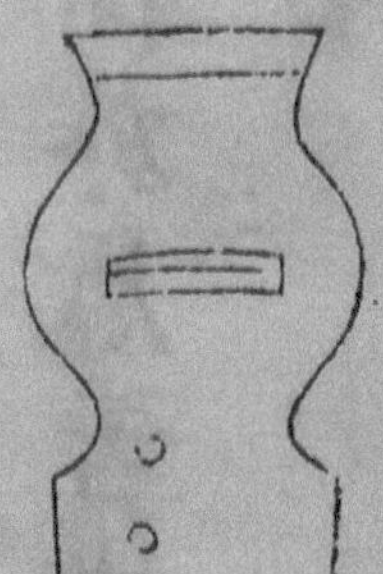

秦琴

秦始皇作絃軫岳尾俱黑用碧玉爲徽取其所尚也

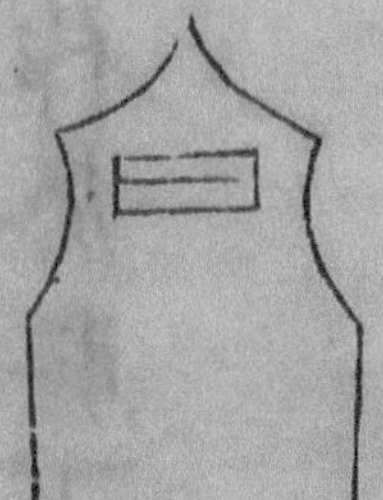

神暉

秦陳章作於腰下覆四月相向妙作羽音

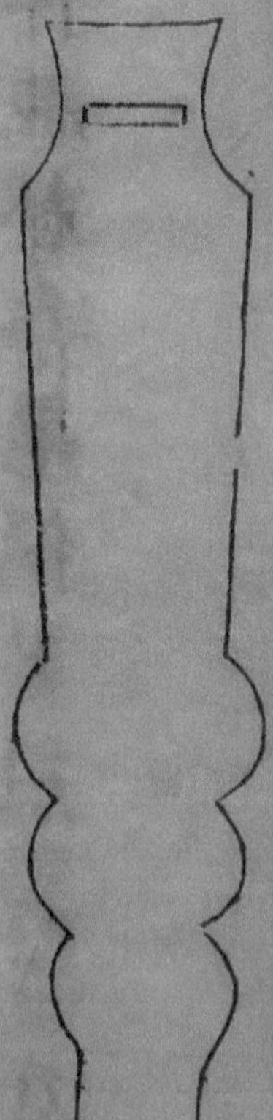

龍腮

李斯作於鳳舌之上圓增三寸兩頷間收廣二寸半

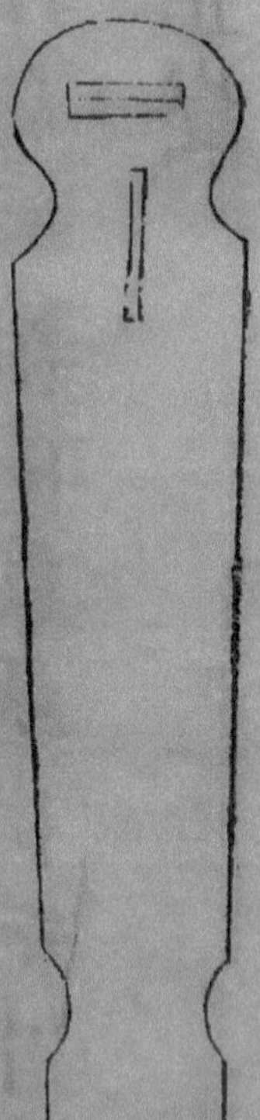

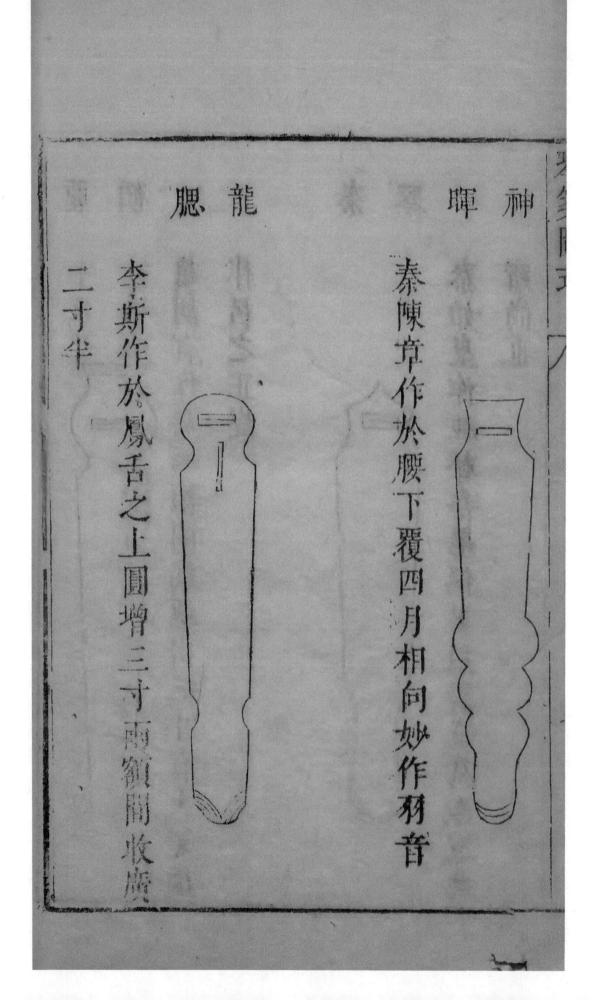

雷音

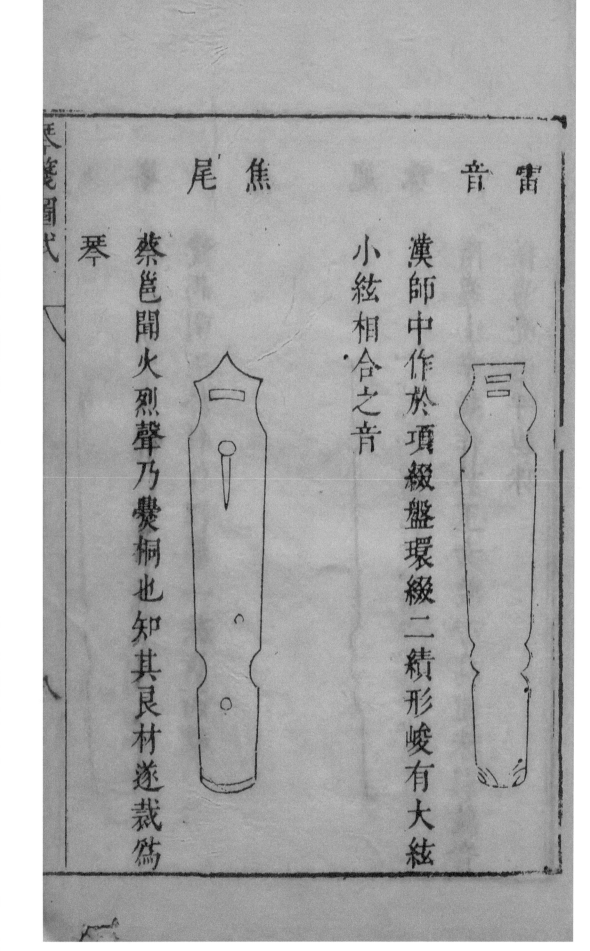

漢師中作於項綴盤環綴二績形峻有大絃小絃相合之音

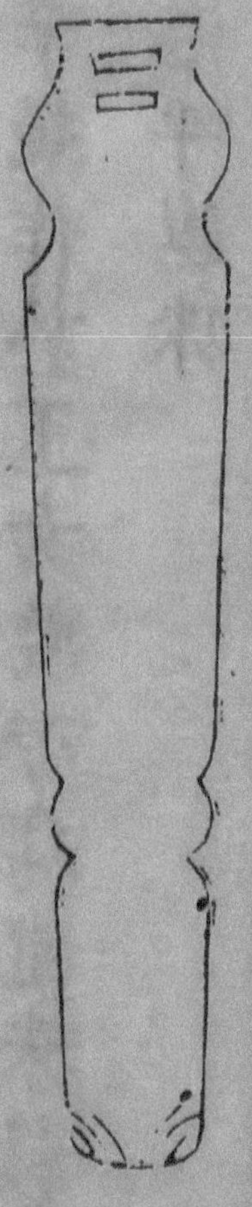

焦尾

蔡邕聞火烈聲乃爨桐也知其良材遂裁爲琴

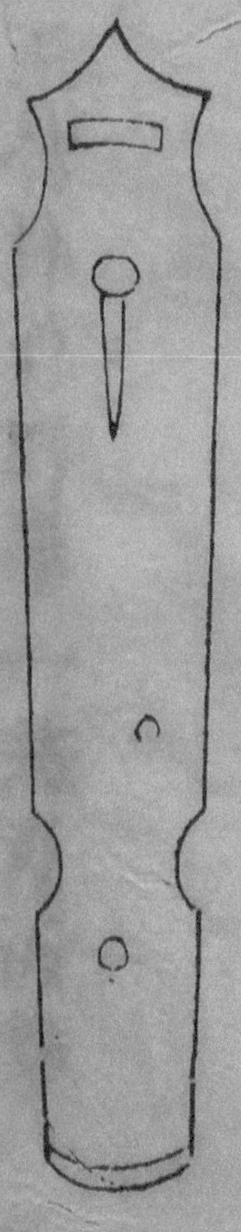

玉峯

漢馬明王於肩作四峯一絃清而雅

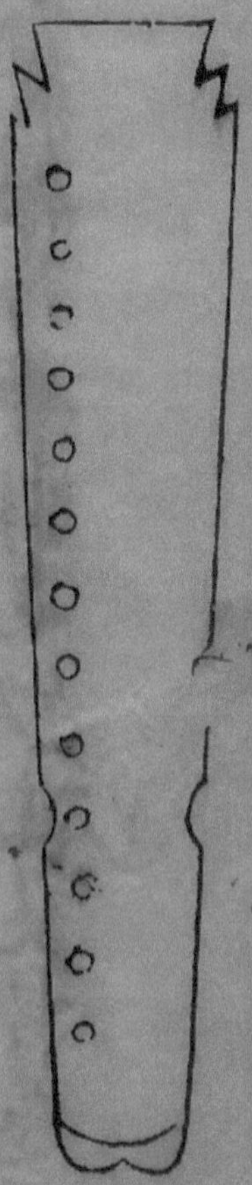

連珠

隋逸士李疑作於玉女腰旁爲連珠彩絃音櫟清亮俗呼連珠

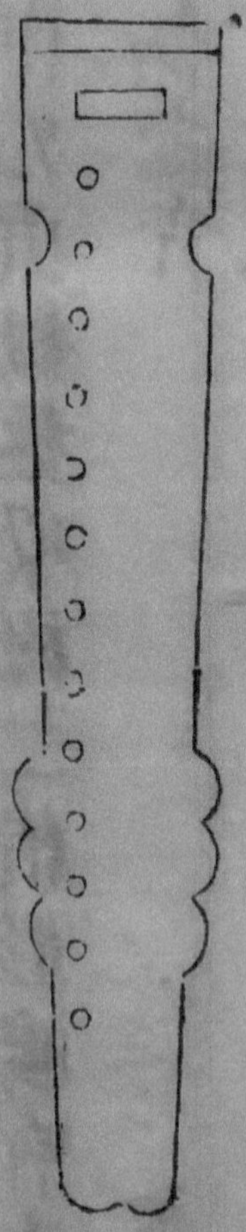

靈眉

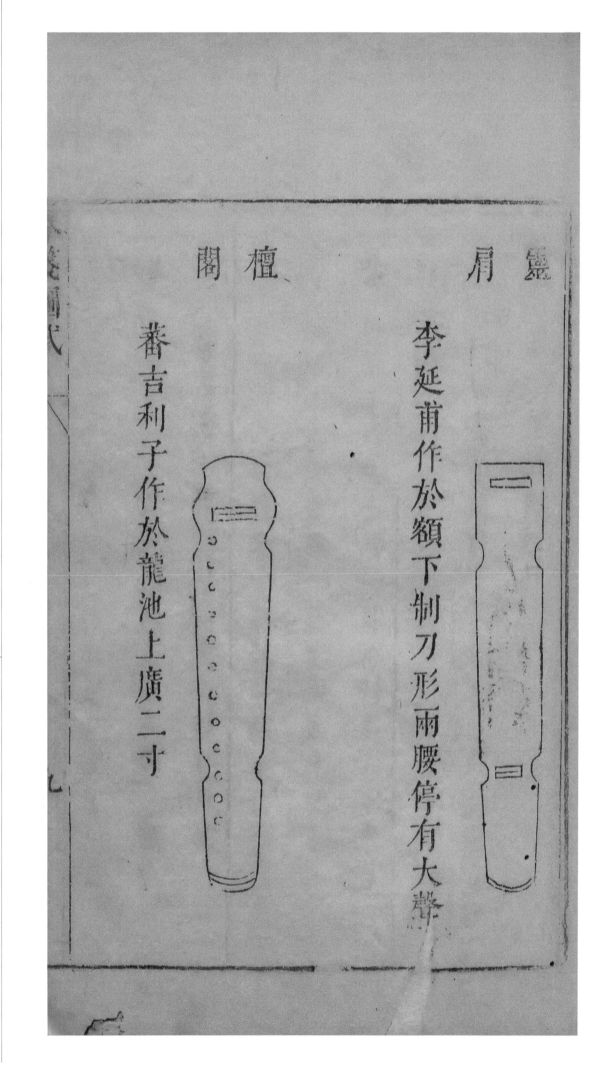

李延甫作於額下制刀形兩腰停有大聲

檀閣

蕃吉利子作於龍池上廣二寸

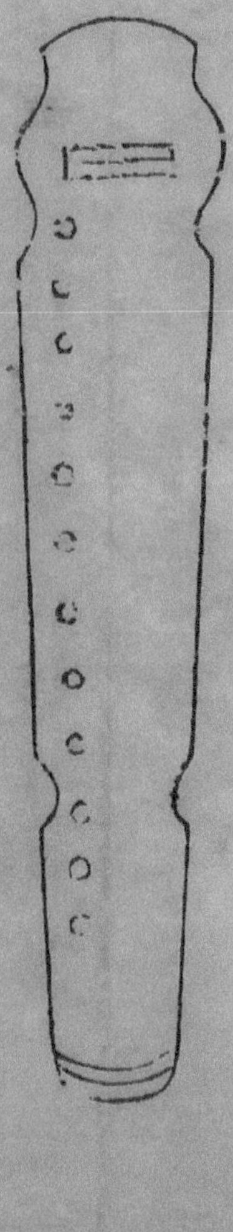

論琴

東海屠隆

琴爲書室中雅樂不可一日不對清音居士談古若無古琴新者亦須壁懸一牀無論能操縱不善操亦當有琴淵明云但得琴中趣何勞絃上音吾輩業琴不在記博惟知琴趣貴得其真若亞聖操懷古吟志懷賢也古交行客感夜譚思尚友也猗蘭陽春鼓之宜暢布和風入松御風行操致涼飆解慍瀟湘水雲

雁過衡陽起我興薄秋寄梅花三弄白雪操遥我神遊玄圃樵歌漁歌鳴山水之間心谷口引扣角歌抱烟霞之雅趣詞賦若歸去來赤壁賦亦可咏懷寄興清夜月明操弄一二養性修身之道不外是矣豈徒以綠桐爲悦耳計哉

古琴色

古琴歷年既久漆光退盡惟黯黯如㫄木此最奇古也

古斷紋

古琴以斷紋爲證不歷數百年不斷有梅花斷其紋如梅花此爲最古有牛毛斷其紋如髮千百條者有蛇腹斷其紋橫截琴面相去或一寸或半寸許有龍紋斷其紋圓大有龜紋氷裂紋者未及見之蓋諸漆器無斷紋而琴獨有之者以他器用布漆而琴無布他器安靜而琴日夜爲絃所激也

古琴灰

觀合縫處無隙不散斷紋過肩此漆灰琴也若上下有紋兩傷光漆者迸開而復合重漆補者此料灰琴

也

古琴材

琴材以桐面梓底者為上純桐以一木置之水上取其半浮者為面下半沉者為底亦陰陽材也若底面皆用浮者謂之純陽琴古無此製近世為之取其暮夜陰雨彈之聲不沉也然必不能達遠聲亦不實桐面杉底者無足取也桐木近寺觀聞鐘鼓聲者最佳吳中懿王得天台寺中對瀑布泉層桂斷二琴一號洗凡一號清絕為曠代之寶過於精金美玉也

琴軫

玉者不爲之華有花則易轉素不受汚紫檀犀角者亦可

琴徽

琴以金玉爲徽示重器也然每爲琴災不若以蚌珠蚌爲徽清夜彈之得月光相映愈覺明朗光彩射目取音了然觀亦不俗若老翁清夜不寐以琴消遣如用金蚌爲徽則有光色燈月燄目不使老䀹惟白目照之無光爲妥

琴絃

絃絲蜀中爲上秦中洛下爲次山東江淮爲下此由水土使然也今只用白色柘絲爲上秋蚕次之絃取氷者以素質有天然之妙若染絃則微色新滯稍濁而失其本眞也

琴臺

以河南鄭州所造古郭公磚長僅五尺濶一尺有餘上有方勝或象眼花紋用鑲琴臺長過琴一尺高二尺八寸濶容三琴以堅漆塗之或用維摩式高一尺

六寸坐用胡牀兩手更便運動高或費力不久而困也嘗見一琴臺用紫檀爲邊以錫爲池於臺中貢水蓄魚上以水晶板爲面魚戲水藻儼若出聽爲世所稀

琴室

宜實不宜虛最宜重樓之下蓋上有樓板則聲不散其下空曠則聲透徹若高堂大廈則聲散漫斗室小軒則聲不達如平屋中則於地下埋一大缸缸中懸一銅鐘上用板鋪亦可幽人逸士或於喬松脩竹岩

澗石室清曠之處地清境寂更有泉石之勝則琴聲愈清與廣寒月殿何異哉

唐琴

蜀中有雷文張越二家置琴得名其龍池鳳沼間有舷餘處悉窪令關聲而不散

宋琴

宋有琴局製有定式謂之官琴餘悉野斲有施木舟者造琴得名斷紋漸去

元琴

有朱致遠造琴精絶今之古琴多屬施朱二氏者

國朝琴

成化間有豐城万隆弘治間有錢塘惠祥高騰祝海鶴擅名當代人多珍之又樊氏路氏琴京師品爲第一大抵琴以音爲主其音善矣又何必拘拘以爲古哉

蕉葉琴

取蕉葉爲琴之式製自祝海鶴甚佳

百衲琴

偶得美材短不堪用因而截成片段膠漆最長非好奇也今做製者以龜紋錦片錯以玳瑁象牙香料雜木嵌骨爲紋鋪滿琴體名曰寶琴與廣中滇南蜔嵌琵琶何異更可笑也近有銅琴石琴紫檀烏木者皆失琴音雖美何取

挂琴

不論寒暑不可挂近風露日色中及磚墻泥壁之處恐惹濕潤琴不發聲宜木格布骨紙屏當風透處挂之無以囊盛以遠塵垢或置牀上被中以近人氣爲

佳

琴匣

貴窄小止可容琴不使中空搖動梅月未至須先以琴入匣中鎖閉以紙糊口不令濕黴着琴

抱琴

當語童僕勿令橫抱恐觸物致損須按古今人抱琴二勢方稱雅觀

對鶴

彈琴欲鶴舞鶴未必能舞觀者鬨然誠非雅致之事

對月

春秋二候天氣澄和人亦中夜多醒萬籟咸寂月色當空橫琴膝上時作小調亦可暢懷

對花

宜共岩桂江梅茉莉薝蔔建蘭夜合玉蘭等花清香而色不艷者爲雅

臨水

鼓琴偏宜於松風澗響之間三者皆自然之聲正合類聚或對軒窓池沼荷香撲人或水邊籬下清漪芳

泣微風洒然游魚出聽此樂何極

焚香

香清烟細如水沉生香之類則清馥韻雅最忌龍涎及兒女態香

盥手

彈琴須先盥手則絃不受汚夏月惟宜早晚午則不可非惟汗濘恐太燥脆絃

露下

乘露彈琴不可久坐不惟凋絃抑且傷人且腸枯鼓

之有聲陰材則無聲矣

飲酒

彈琴之人風致清楚但宜瀹茗間或用酒發興不過微有醺意而已若醉醺酩酊蘆蕩情狂飲致成醉者之狀以事琴此大醜最宜戒也

琴壇十友

氷絃　玉軫　軫函　玉足　絨𢇁　琴薦

錦囊　琴牀　琴匣　替指以隨製造火烙爲之此臞仙製也

古今論琴之言唯淵明無絃中散嘈嘈琴德爲得

味外味此箋近之閒德美跋

棋經

宋　清和張擬

夫萬物之數從一而起局之路三百六十有一一者生數之主據其極而運四方也三百六十以象周天之數分爲四隅以象四時隅各九十路以象其日外周七十二路以象其候夫棋三百六十黑白相半以法陰陽局之線道謂之枰線道之間謂之罫局方而靜棋圓而動自古及今奕者無同局傳曰日日新故宜用意深而存慮精以求其勝負之由則至其所未至

矣

得筭

棋者以正合其勢以權制其敵故計定於内而勢成於外戰未合而筭勝者得筭多也筭不勝者得筭少也戰已合而不知勝負者無筭也兵法曰多筭勝少筭不勝而况于無筭乎由此觀之勝負見矣

權輿

權輿者奕棋布置務守綱格先于四隅分定勢子然後拆二斜飛下勢子一等立二可以拆三立三可以

拆四與勢子相望可以拆五近不必比遠不必乖此皆古人之論後學之規舍此改作未之或知書曰事不師古無以克永世又曰慎厥初惟厥終

合戰

博奕之道貴乎謹嚴高者在腹下者在邊中者占角此棋家之常然法曰寧輸數子勿失一先有先而後有後而先擊左則視右攻後則瞻前兩生勿斷俱活勿連濶不可太疏密不可太蹙與其戀子而求生不若棄之而取勢與其無事而强行不若因之而自補

彼衆我寡先謀其生我衆彼寡務張其勢善勝者不爭善陳者不戰善戰者不敗善敗者不亂夫棋始以正合終以奇勝必也四顧其地牢不可破方可出人不意掩人不備凡敵無事而自補者有侵絕之意也棄小而不救者有圖大之心也隨手而下者無謀之人也不思而應者取敗之道也詩云惴惴小心如臨于谷

虛實

夫棋緒多則勢分勢分則難救投棋勿逼逼則使彼

實而我虛虛則易攻實則難破臨時變通慎勿執一傳曰見可而進知難而退又曰執中無權猶執一也

自知

夫智者見於未萌愚者暗于成事故知己之害而圖彼之利者勝知可以戰不可以戰者勝識衆寡之用者勝以虞待不虞者勝以逸待勞者勝不戰而屈人棋者勝老子曰自知者明

審局

夫棋布勢務相接連自始至終着着求先臨局交爭

雌雄未決毫氂不可以差焉局勢已贏專精求生局勢已弱銳意侵綽沿邊而走雖得其生者敗弱而不伏者愈屈躁而求勝者多敗兩勢相圍先蹙其外勢孤援寡則勿走機危陣潰則勿下是故棋有不走之走不下之下誤人者多方成功者一路而已能審局者則多勝矣易曰窮則變變則通通則久

度情

人生而靜其情難見感物而動然後可辨推之于棋勝敗可得而先驗法曰夫持重而廉者多得輕易而

貪者多喪不爭而自保者多勝務殺而不顧者多敗因敗而思者其勢進戰勝而驕者其勢退求己弊而不求人之弊者益攻其敵而不知敵之攻己者損目凝一局者其思周心役他事者其慮散行遠而正者吉機淺而詐者凶能自畏敵者强謂人莫己若者亡意傍通者高心執一者卑語默有常使敵難量動靜無度招人所惡詩云他人有心予忖度之

斜正

或曰棋以變詐爲務刼殺爲名豈非詭道耶予曰不

然易曰師出以律否臧凶兵本不尚詐謀言詭道者乃戰國縱横之說棋雖小道實與兵合故棋之品甚繁而奕之者不一得品之下者舉無思慮動則變詐或用手以影其勢或發言以泄其機得品之上者則異于是皆沉思而遠慮因形而用權神遊局内意在子先圖勝于無朕滅行于未然豈敢假言詞喋喋手勢翩翩者傳曰正而不譎此之謂也

洞微

凡棋有益之而損者有損之而益者有侵而利者有

侵而害者有宜左投者有宜右投者有先著者有後著者有緊辟者有慢行者粘子勿前棄子思後有始近而終遠者有始少而終多者欲強外先攻內欲實東先擊西路虛而無眼則先覷無害於他棋則做劫饒路則宜疏受路則勿戰擇地而侵無礙則進此皆棋家之幽微不可不知也易曰非天下之至精其孰能與于此

名數

夫奕者凡下一子皆有定名棋之形勢死生存亡因

名而可見有衝有斡有綽有約有飛有關有劄有粘有頂有尖有覷有門有打有斷有行有立有捺有點有聚有蹺有夾有撥有辟有刺有勒有撲有征有劫有持有殺有鬆有盤用棋之名三十有二圍棋之人意在萬周臨局變化遠近縱橫我不得而前知也用行取勝難逃此名傳曰必也正名乎其奕之謂歟

品格

夫圍棋之品有九一曰入神二曰坐照三曰具體四曰通幽五曰用智六曰小巧七曰鬬力八曰若愚九

曰守拙九品之外不可勝計未能入格今不復云傳
曰生而知之者上也學而知之者次也困而學之又
其次也

雜說

夫棋邊不如角角不如腹約輕於捺捺輕于嶭夾有
虛實打有情僞逢綽多約遇撥多粘大眼可贏小眼
斜行不如正行兩關對直則先覷前途有礙則勿征
施行未成不可先動角盤曲四局終乃亡直四板六
皆是活棋花聚透點多無生路花六聚七終非吉祥

十字不可先紐勢子在心勿打角圖奕不欲數數則怠怠則不精奕不欲疏疏則忘忘則多失勝不言敗不語振廉讓之風者君子也起忿怒之色者小人也高者無亢卑者無怯氣和而韻舒者喜其將勝也心動而色變者憂其將敗也赧莫赧于易耻莫耻於盜妙莫妙于用鬆昏莫昏于覆劫凡棋直行三則改方聚四則非勝而路多名曰贏局敗而無路名曰輸籌皆籌爲溢停路爲芇打籌不得過三淘子不限其數劫如金井轆轤有無休之勢有交逝之圖奕棋者不

可不知也凡棋有敵手有半先有兩先有桃花五有
北斗七夫棋有無之相生遠近之相成强弱之相形
利害之相傾不可不察也是以安而不泰存而不驕
安而泰則危存而驕則亡易曰君子安而不忘危存
而不忘亡

右十三篇作于清河張公擬公嘗仕宋爲翰林學
士其文章政事固未暇論而觀光集辯其英姿卓
識逸然特立於風塵之表於是亦可以想見其儀
刑矣是編雖不能悉公之平生而其修飾命章傍

通曲暢非深達是道者曷克臻此爾後作者造典莫不極力模擬或取遠而遺近舍大而從小求其能盡奕之情如公者鮮矣今諸家采錄加以詁訓多重複舛戾適足自亂亦無取焉

投壺格

宋　司馬光

傳曰張而不弛文武弗能也弛而不張文武弗爲也一張一弛文武之道也君子學道從政勤勞罷倦必從容宴息以養志游神故可久也蕩而無度將以自敗故聖人制禮以爲之節因以合朋交之和飾賓主之懽且寓其教焉夫投壺細事游戲之類而聖人取之以爲禮用諸鄉黨用諸邦國其故何哉鄭康成曰投壺射之細也古者君子射以觀德爲其心平體正

端壹審固然後能中故也蓋投壺亦尤是矣大審度於此而取中於彼仁道存焉疑思則疎情慢則失義方象焉左右前卻過分則差中庸著焉得一失二成功盡棄誠慎明焉是故投壺可以治心可以修身可以爲國可以觀人何以言之夫投壺者不使之過亦不使之不及所以爲中也不使之偏處流散所以爲正也中正道之根抵也聖人作禮樂修刑政立教化垂典謨凡所施爲不啻萬端要在納民心於中正而已然雖得而制者人之心也自非大賢守道執固則

放蕩傾移無所不至求諸少選且不可得故聖人廣爲之術以教之投壺與其一焉觀夫臨壺荷矢之際性無粗密莫不聳然恭謹志存中正雖不能久可以習焉豈非治心之道歟一矢之失猶一行之虧也豈非修身之道歟兢兢業業愼終如始豈非爲國之道歟君子之爲之也確然不動其心儼然不改其容未得之而不懾既得之而不驕小人之爲之也俯身伸臂挾巧取奇苟得而無愧豈非觀人之道歟由是言之聖人取以爲禮宜矣彼博奕者以詭譎相高以殘

賊相勝孔子猶曰飽食終日無所用心爲之猶賢乎已況投壺者又可鄙略而輕廢哉古者壺矢之制揖讓之容今雖闕焉然其遺風餘象猶可髣髴也世傳投壺格圖皆以奇雋難得者爲右是亦投瓊探鬮之類爾非古禮之本意也余今更定新格增損舊圖以精密者爲右偶中者爲下使夫用機儌倖者無所措手焉壺口徑三寸耳徑一寸高二尺實以小豆去席二箭半箭十有二長二尺有四寸以全壺不失者爲賢苟不能全則積算先滿百二十者勝後者負俱滿

則餘弄多者勝少者負爲圖列之左方并各釋其指意焉

有初

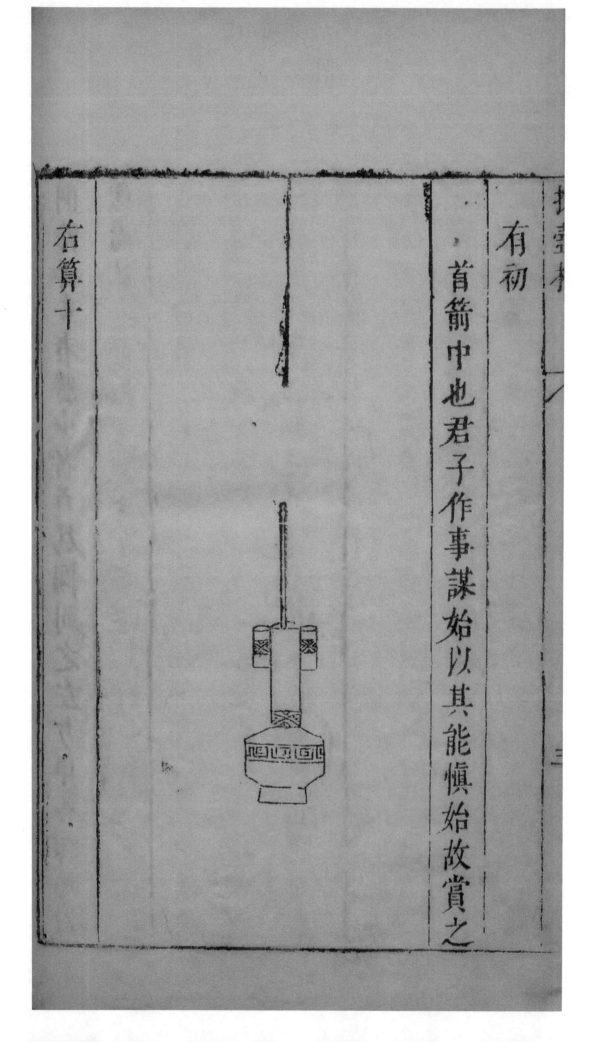

首箭中也君子作事謀始以其能慎始故賞之

右算十

連中

第二箭以下連中不絕者

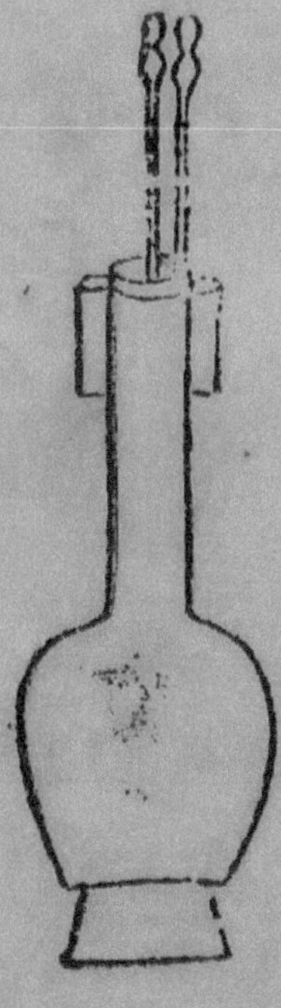

右算五

有初貫耳

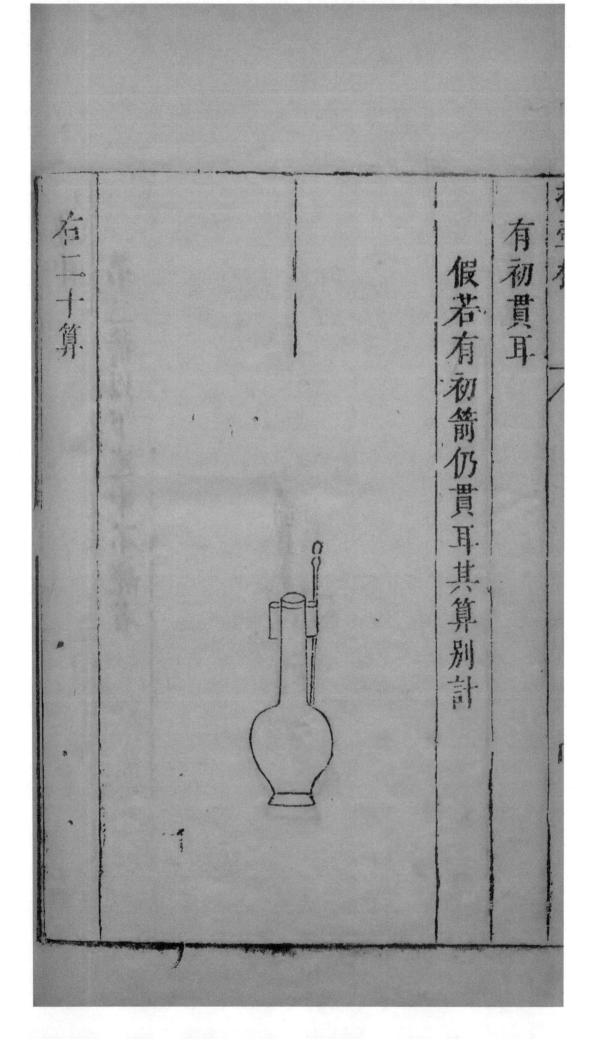

假若有初箭仍貫耳其算別計

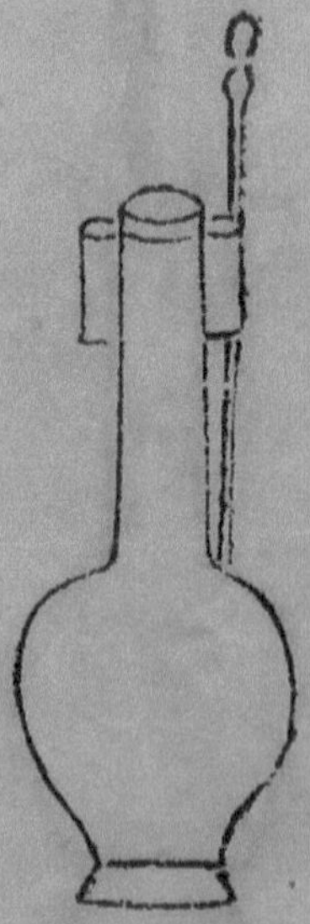

右二十算

貫耳

耳小於口而能中之其用心愈精故賞之

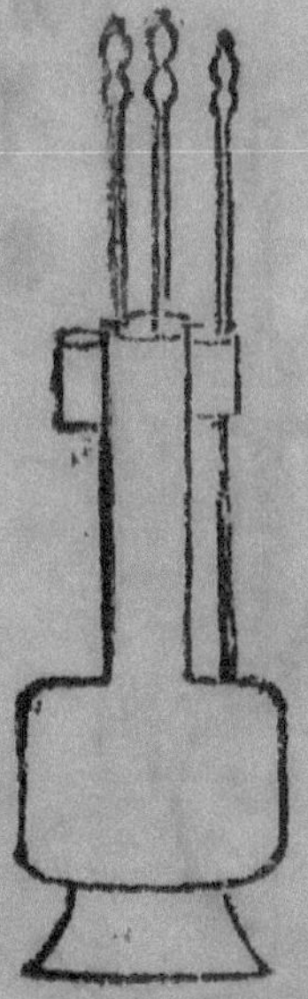

右算十

連中貫耳

舊圖初箭二籌其次每箭加二籌盡四箭而止甚非勸功之道今自二箭以下連中不絕者皆賞之所以勉人於不懈

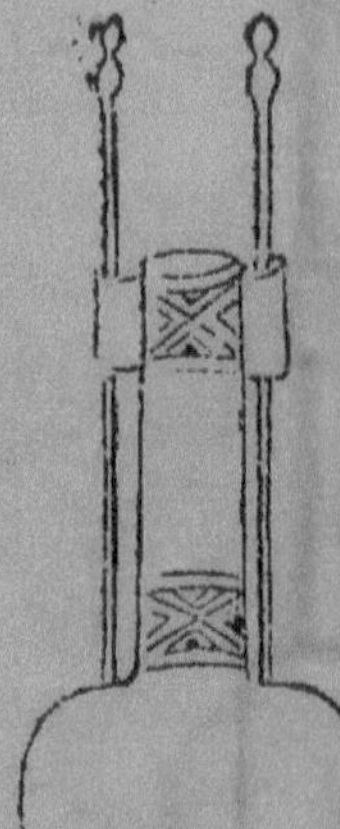

右二十算

敗箭

若一箭不中次箭皆爲敗箭

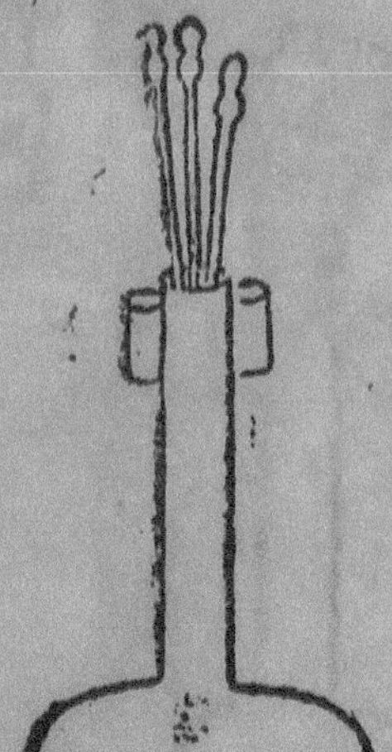

右一算

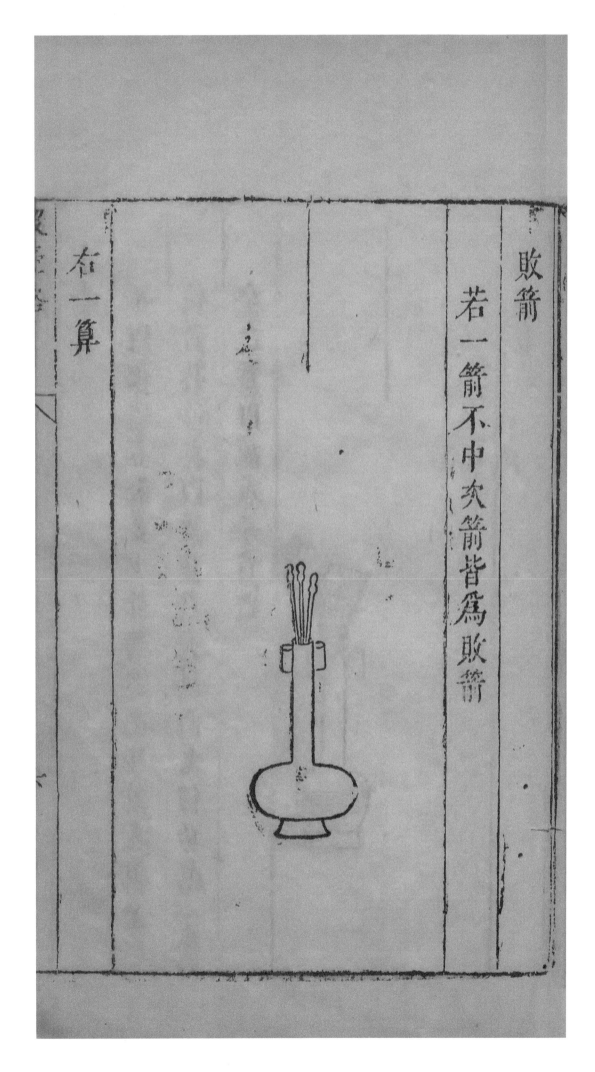

全壺

不以耦之算數多少皆勝之也若兩人俱全則復計其餘算以决勝負夫爲山九仞功虧一簣全之實難故君子貴之

右無算

有終

末爵也靡不有初鮮克有終故比之有初又加

算也

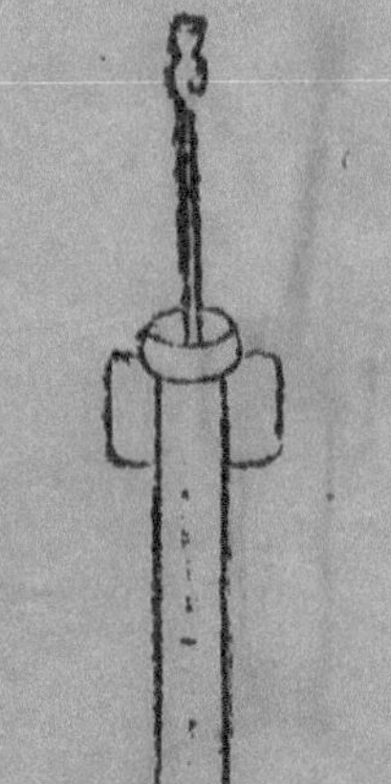

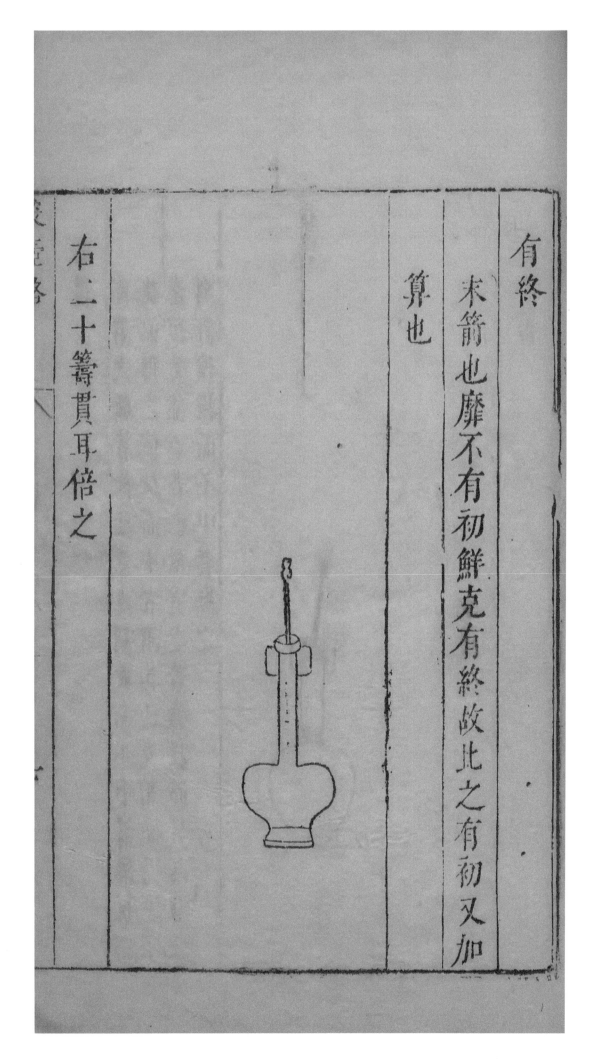

右二十籌貫耳倍之

驍箭

亦謂之驍皆俊猛意也謂投而不中箭激反躍捷而得之復投而中者謂其已失而復得之不遠復善補過者也故賞之若復投而貫耳其筭別計復投而不中者廢之

右十筭

敗壺

謂十二箭俱不中大無功也若兩人皆敗則亦

計餘算以决勝負

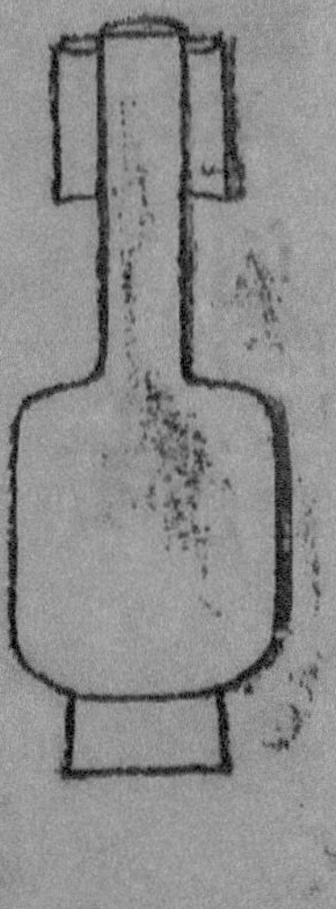

右不問已有之算皆負

橫耳

謂箭加耳上舊五十籌偶然而橫非投者之功

何足以賞若爲後箭所擊而墜地者與不中同

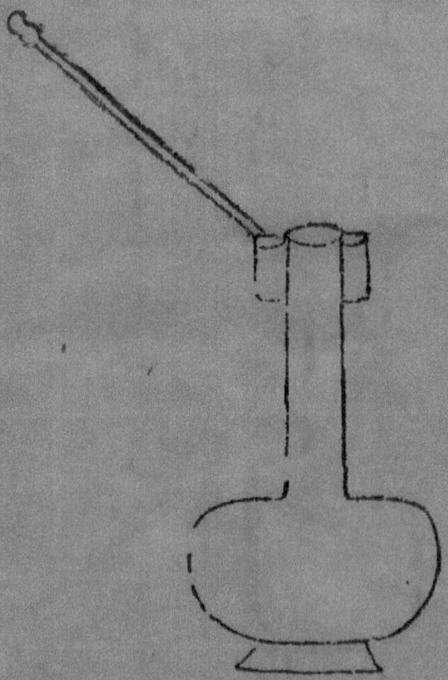

右依常算無賞

横壺

横加壺口舊五十籌同横耳

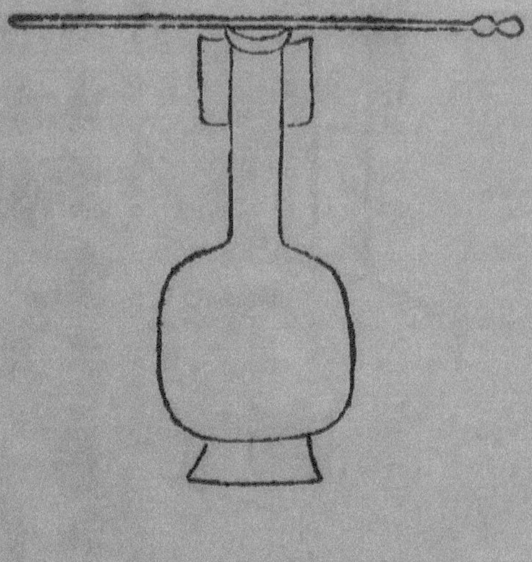

右係常算無賞

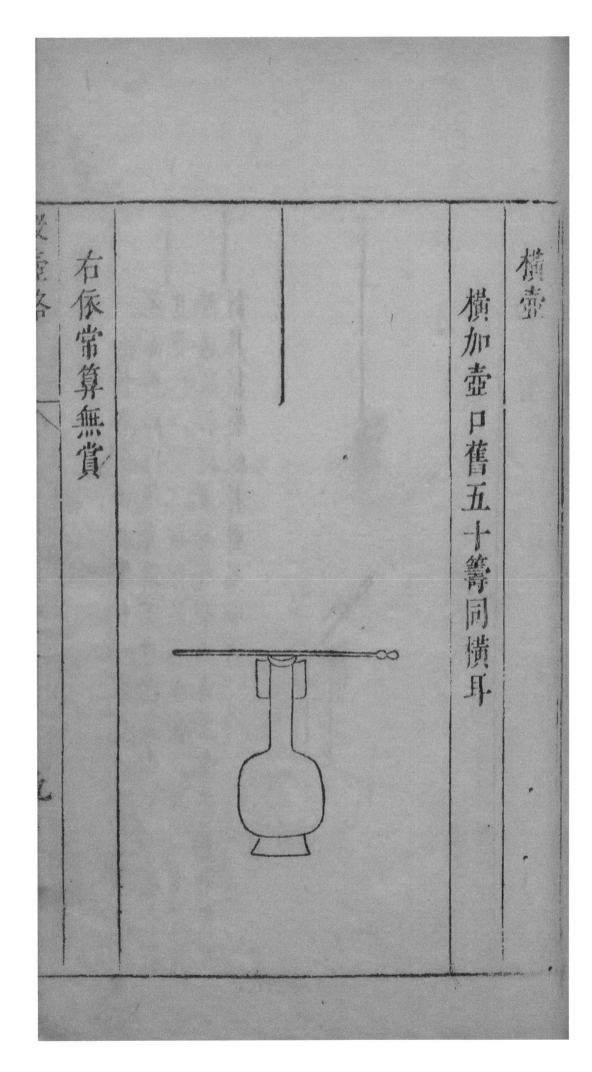

奇箭

一箭斜倚壺口中舊十一籌傾和險詖不存於善而舊圖以爲奇箭多與之籌甚無謂也今廢其算所以罰之亦異於不中者故連壺全壺皆得通數若爲後箭所擊及自墜壺若耳中者復計其算墜地者與不中同

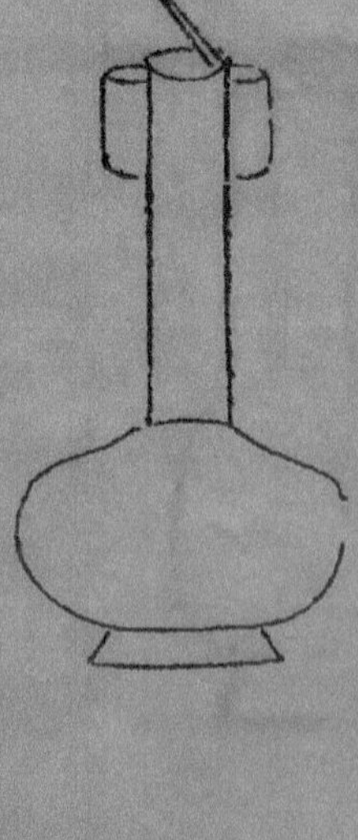

廢其算

龍首

倚竿而箭首正向已者舊十八籌同倚竿

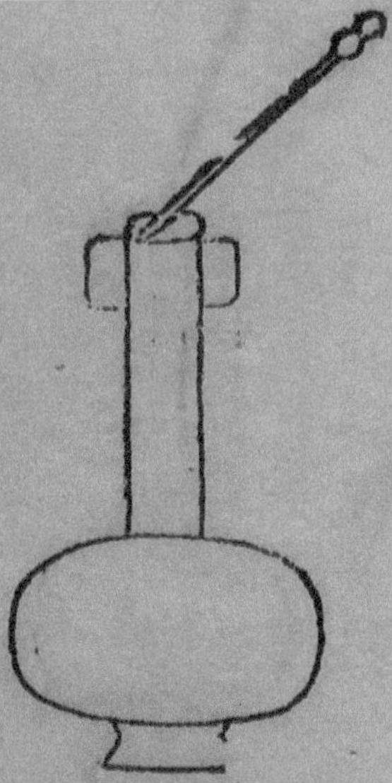

右廢其算

投壺格

龍尾

倚竿而箭羽正向己者舊十五籌同倚竿

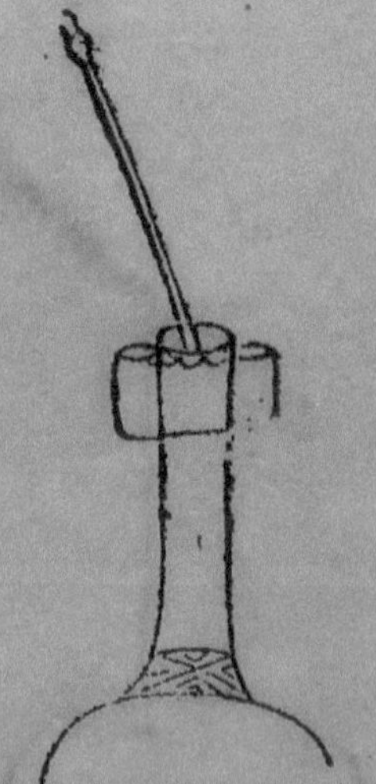

右廢其算

轉旋口上而成倚竿者舊十五籌同倚竿

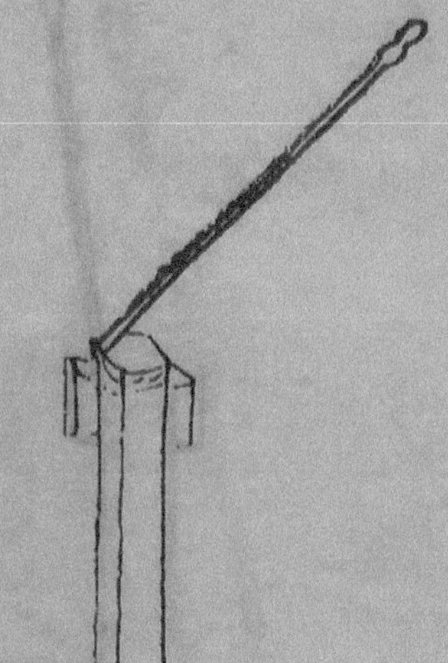

右廢其算

帶劍

貫耳不至地者舊十五籌同倚竿

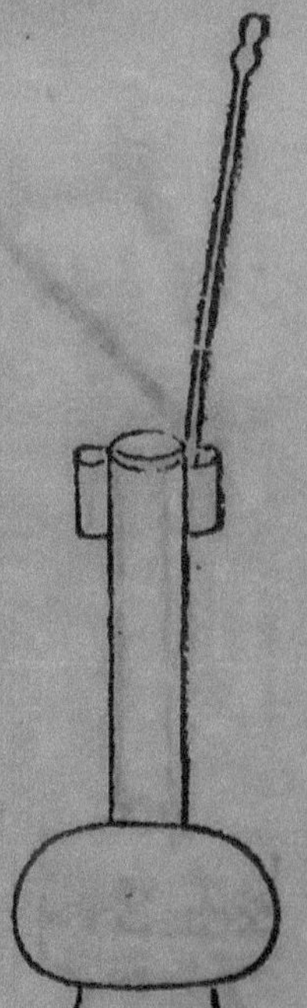

右廢其算

耳倚竿

舊十五籌同倚竿

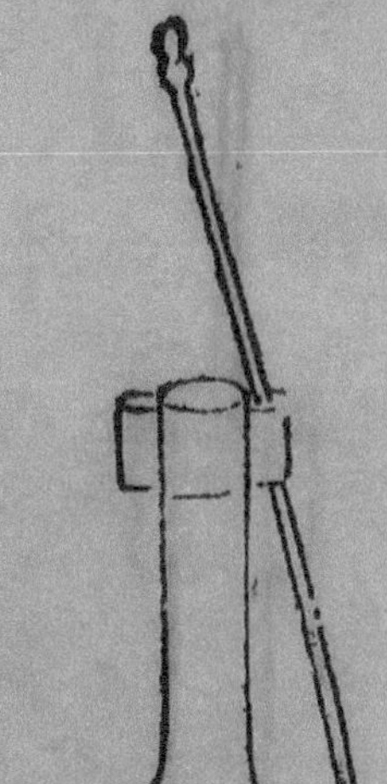

右廢其算

倒中

舊百二十籌顛倒反覆惡之大著奈何爲上賞

今盡廢其筭所以明順逆之理

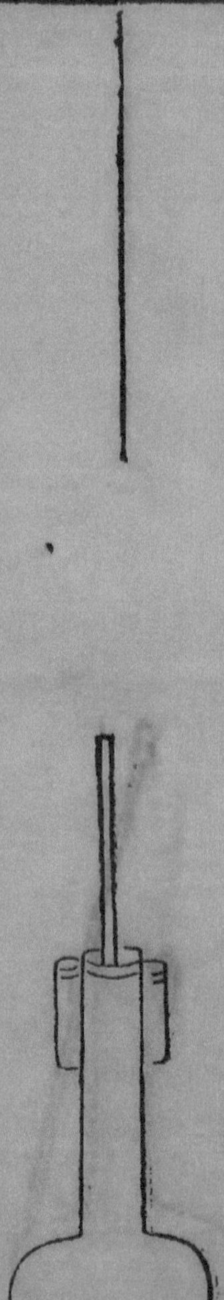

右壺中之數盡廢

倒耳

舊不問籌數並滿同倒中

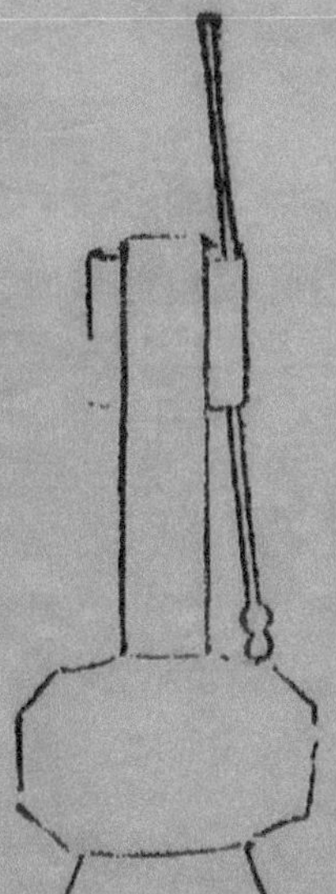

右壺中之數盡廢

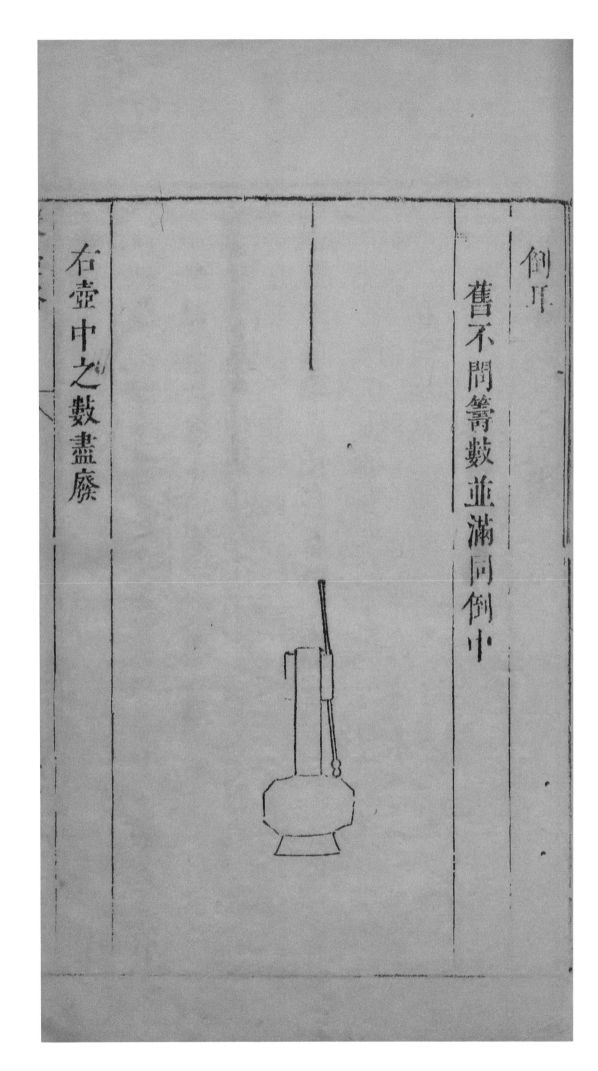

鄣郡汪雲程

毬門社規

初起毬頭用脚踢起與驍色驍色挾住至毬頭右手頓在毬頭膝上用膝築起一築過不過撞在網上驍下來守網人踢住與驍色驍色復挾住仍前去頓在毬頭膝上築過左右軍同或賽二籌或賽三籌先捷闖子分前後築過數多者勝衆以花紅利物酒果鼓樂賞賀焉

毬門式

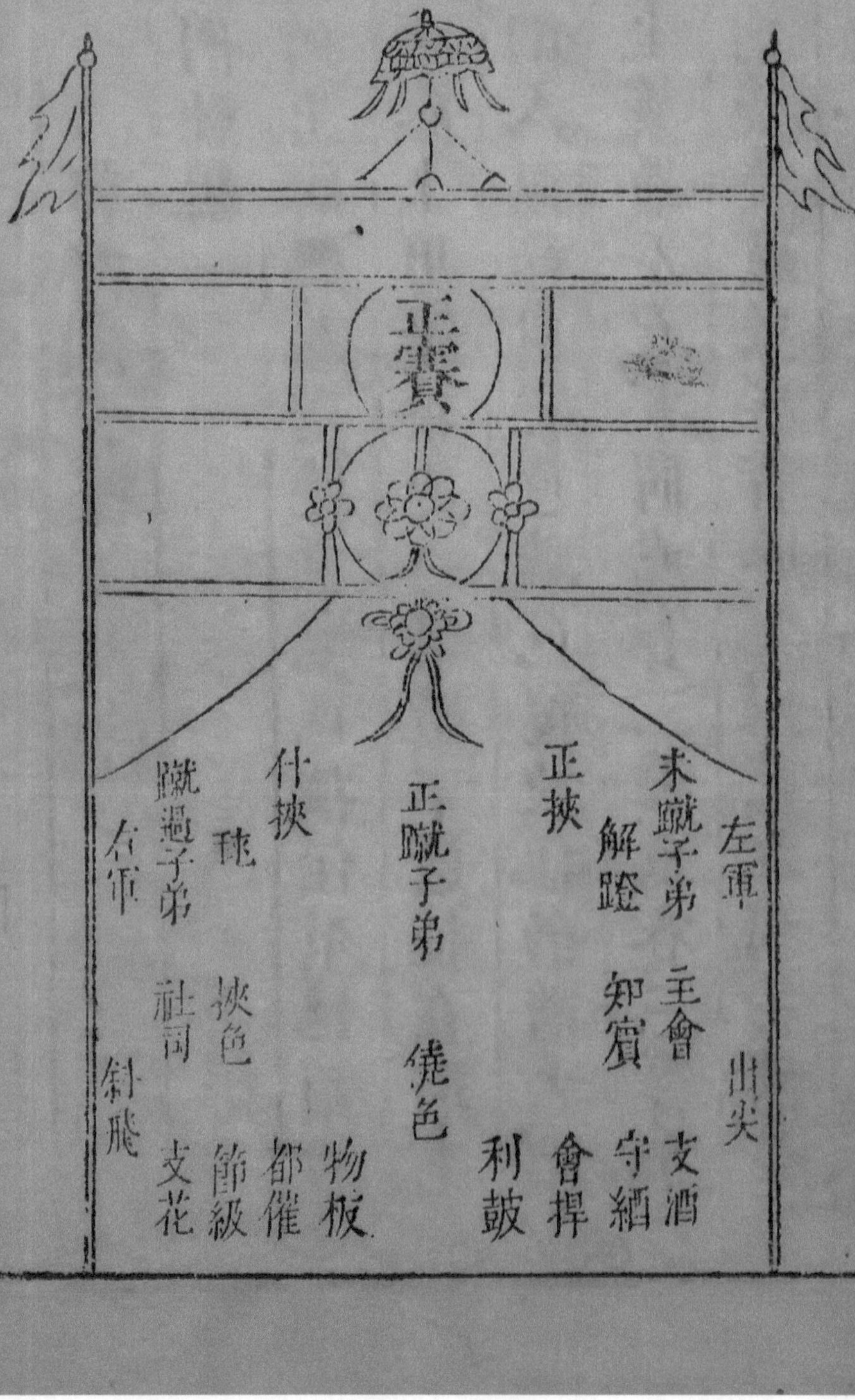
正賽
左軍
出尖
末蹴子弟
主會
支酒
解蹬
知賓
守緡
正挾
會捍
利鼓
正蹴子弟
僥色
物板
什挾
都催
毬
挾色
節級
蹴過子弟
社司
支花
右軍
斜飛

毬門物色

職事旗　毬門彩　紅綠絹　挿戴花

挿戴旗　紅纓　銅鈴　銀盤

銀盞　香案　果盒　賞物

排旗　引旗　幌索　綱工傘

毬門人數

都部署校正　社司　知賓　正挾

副挾　解蹬　毬　挾色　主會

守綱　節級　驍色　會幹　都催

左軍　右軍　出尖　斜飛

下場口訣

身如立筆　身欲直

手如提物　手欲垂

身用旋安　要宛轉

腳用活立　要跳躍

一人場戶

直身正立不許拘背或打三截解數或打成套解數或打活解數一身俱是蹤跳旋轉縱橫無施不可雖擅場校尉千百中一人耳

二人場戶

每人兩踢名打二曳開大踢名白打一人單使脚名
挑踢一人使雜踢名廝弄亦惟校尉能之

入場戶

蹴鞠譜　五

校尉一人茶頭一人子弟一人立站須用均停校尉過論與子弟子弟用右膁與茶頭須轉一遭方使維踢所謂抛下須當右者是也又有順行轉動名小官場三人定位名三不顧一人當頭名出尖自古及今罔能或易其他如四人場戶名下火五人場戶名小出尖六人場戶名大出尖七人場戶名落花流水八人場戶名涼傘兒九人場戶名踢花心十人場戶名全場俱是巧立名色錯亂喧鬨煩爲不經茲並削去不使淆諸譜焉

徤色名

六錠銀　虎掌　八月圓　古老錢

鎖子菊　葵花　不斷雲　曲水萬字

雲臺月　五角　六葉龍　旋羅虎掌

香烟篆　斗底　葉底桃　疊花虎掌

側金盞　龜背　鵓鴿頭　梨花虎掌

一對銀　一瓶花　十二月　兩朵雲

踢搭名色

内外臁　左右兩臁　入步臁

左右分臁　左右完臁　左右空臁

左右擺膝　左右兩膝　左右攝膝

迸鼓膝　左右旋膝　瞅子膝

入步膝　偷步膝　走馬膝

左右兩拐　兩逼拐　兩搾拐

兩聽拐　不瞅拐　左右攝洎拐

入步拐　左右捎拐　背劍拐

銷腰拐　披掛拐　兩脚下拐

鴛鴦拐　合扇拐　敲根拐

兩殺捞　兩右兩搭　左右單搭

左右拗搭　左右攝搭　入步搭

剪搭　左右分搭　左右八字

左右拗八字　摘步八字　左右兩扳摟

左右側扳摟　左右斜蹬　走馬蹬

左右偎蹬　流星磴　左右正蹬

兩拗蹬　不瞅蹬　左右飛蹬

提袍蹬　鎖腰蹬　左右兩抄

左右聽抄　側脚背抄　左右入步抄

走馬抄　左右捻　盧捻

滿脚捻　不瞅捻　拍板捻

左右拐捻　側捻　魚兒捻

寶捻　引脚捻　拜捻

雙脚捻　左右兩肩　左右丁字捻

斜肩　側肩　背肩

左右足幹　偎脚幹　拗脚幹

單脚幹　不瞅足幹　鑽腰足幹

齒肩足幹　入步足幹　圓光足幹

披肩足幹　提袍足幹　鴛鴦足幹

打揎訣

打揎添氣也事須易而實難不可太堅堅則健色浮急蹴之損力不可太寛寛則健色虚泛蹴之不起須用九分着氣乃爲適中

下截解數

脚面住　脚頭　轉闗　雙轉闗

虚捻　側捻　滿捻　脚頭實捻

正騎　剪騎　側騎　鳳啣珠

疊脚　滿疊脚　挑葉　鵝插食

步步隨　滿樹花

中截解數

巧膝蹬　三捧敲　下珠簾　膝揸

踏揸　瞅子膝　抓洼搨

上截解數

砑金領　大過橋　拗鬢　拗捩

摺疊鬢　十字鬢　透鬢　三點金

斜插花　畵眉兒　五花兒、風擺荷

掉水燕　鶯落架　劈破桃　仙人過橋

燕歸巢　玉項牌　套玉環　掛玉鈎

玉闌干　綉帶兒　飛挾　十字綉帶

飛鬓　繳腦　錯認鬓　野馬跳澗

復還京　朝天子　節節高

成套解數

一套　實捻　虛捻　雙實捻　雙虛捻

滿脚捻

二套　左右那實撻　左右脚面任撻

膁搓　拐搓

三套

左右白任鳳啣珠

左右鵝捕食鳳啣珠

左右綉帶鳳啣珠

左右挑起一尺落下鳳啣珠

四套

一對正騎　一對挾騎　朝天正騎

一對拗騎　一對剪騎　朝天拗騎

五套

攧拾白任　兩捧巧白任

三捧巧白任

六套　轉關叠脚　左右叠脚　左右雙叠脚

七套　左右脇下綉帶　左右肩外綉帶

面前十字綉帶

八套　左右砑金領挾　左右大過橋挾

左右飛挾

九套　左右摺叠鬓　左右十字鬓

左右飛鬓　左右透鬓　左右拗鬓

十套　朝天燕歸巢　斜插花燕歸巢

三跳澗燕歸巢　朝天子燕歸巢

放下脚面任飛起燕歸巢

十一套　朝天仙人過橋　朝天掉水燕

朝天畵眉兒　朝天風擺荷

朝天劈破桃　朝天野馬跳澗

朝天套玉環　朝天掛玉鈎

坐地解數、

脚面任　左右膁　砑金領　大過橋

掉水燕　風擺荷　五花兒　玉闌干

急三踢　仙人過橋　左右摺疊鬓、

野馬跳澗

禁踢訣

左右幹望下　順風拐望下　兩踢望下

頭踢望下　右膝望下　右臁望下

左擺摟望下　右肩望下　右抄望下

左抄望下　右八字望下

那偎側脚訣

那脚即是入步側脚須當步穩務要隨身倒步不可亂那動脚如踢氣毬只可說不可踢若踢動一踢都

不是須要明師開發親手撇出教一踢有一踢撇一踢得一踢休想場戶上尋得一踢來如泛在右膁上來就將右脚向右邊却使左膁如泛在左膁上來就將左脚向左使右膁如左上泛短先入右脚却使左踢搭如右上泛短先入左脚却使右踢搭如右上泛深用左脚向後却使右脚踢搭如左上泛深使右脚向後却使左踢搭如右上泛深濶使左脚去右脚根後使右踢搭如左上泛深濶使右脚去左脚根後使左脚踢搭或抄或拿兩踢或蹬或鎖腰或撥肩並以

高爲易以低爲難也

取様蹺踢側脚捷訣

那步迓鼓膝　側脚瞅子膝　側脚畵眉

那步圓光足幹　那步兩踢　側脚鎖腰

那步遏拐　那步八字　那步攝膝

那步滿脚捻　那步不瞅拐　側脚聽拐

那步走馬抄　那脚步步隨　側步披肩

那步走馬膝　側脚膀下拐　那步擺膝

官場下作

迎頭拐　論居中來使右脚向左脚根後却用左拐

下

入鬢拐　論過右來將左鬢迎入下右拐使搭出論

合扇拐　論從右過側脚先使左拐後用右拐出尋

論

背劍拐　論過頭出使左拐從右肩後出使踢出論

畫眉拐　左拐高起到面上過如畫眉相似尋論

急斜拐　下若右拐過頭向前後使搭論

十字拐　先使左拐後使右拐如十字意

疊二拐　不問左右連兩拐尋論

鴛鴦拐　先下左拐面前過後用右拐出

日上三竿　不問左右連三踢或三搭後尋論

賺拐　論泛右來脚向右使右拐用閃搭出論

捎拐　論泛背後落身望前使拐頭上過出論

鯉魚潑剌　下一左拐或右拐一膝一蹬以搭出論

鳳翻身　論泛後落轉身或下拐或下搭或蹬脚轉身

聽拐　下左拐頭歪望右下右頭歪向左使耳聽

秋千搭　先起膝高抬伸脚使搭尋出論

招搭　先使脚尖相迎招後用搭下尋論

交板搭　右拐論側步去右邊後使左搭高起

請搭　用兩手相請意後下或左搭或右搭尋論

鎗拐　下一或左拐或右拐直直起落使搭出論

和尚投井　論看高來直下兩手作圈使健色圈内下

雙捻

貫捻　正面論來低壽便使捻下

一字搭　右脚向左邊劃過右如寫一字意後尋論

磨搭　使脚如推磨一般下搭尋論

花肩　用左肩攝住放下使足幹上右肩下出論

驍膝　使膝高起下住足幹再起膝上放下尋論

屏風拐　論泛濶左那脚向左下右拐高起右上尋論

跨戶拐　正面泛來不動脚使搭下

圓光拐　下一左拐從頭上過如圓光一般右上尋論

錯認拐　論泛右拐臨下右脚那向右使左拐下

摺疊拐　左右上一般或一邊或兩邊連三拐四五

拐尋論

騎住　認得泛真下正騎剪騎拗騎

輸贏籌數

滕辭不到者　輸一小籌　踢脫輸一大籌

失圈出論　輸一小籌　過頭不到輸一大籌

出論壓左　輸一小籌　不到輸一大籌

左論偷右下　輸一小籌　踢脫輸一大籌

迎頭下右　輸一小籌　踢脫輸一大籌

轉身趯趯　輪一小籌　踢脫輪一大籌

下搭重四拐　輪一小籌　踢脫輪一大籌

無關搭出論　輪一小籌　踢脫輪一大籌

下論轉身　輪一小籌　踢脫輪一大籌

入步拐　輪一小籌　踢脫輪一大籌

騎頭出論　輪一小籌　不到差輪一大籌

退步下搭　輪一小籌　踢脫輪一大籌

錦語

解數　一勘滕　二轉花枝　三火下　四皮破　五出尖　六

落花流水七　斗底八　花心九　全場十

褪色氣毬　打揎添氣　添氣吃物　夾氣相爭

宿氣中酒　朝天巾帽　搊搭鞋靴　單脬無錢

夾脬有鈔　脬聲言語　幞串多口　綳兒衣服

上綳上盞　下綳裏衣　補踢幹事　順行跟隨

水脉酒　足目飽　脉透醉　褪了飢

搜動行　上手得　下馬與　入步來

歪不好　圓好　入綳進屋　五角村

遺數老　踢透死　虎掌手　梢拐後

揿角 瞎　膁髈 去　捧脚 向前

不踢诀

網兒裏　飲酒後　筵席前　氣毬表乾

有風起　泥水處　無子弟　燈燭下

無下網　見相識

[illegible]路部　六

宣和牌譜

錢唐瞿祐

一所引唐人詩句或取之律或取之歌行或取之絕句法有會意者有卽景者有象形者有紀數者有諧聲者有比色者如六宮絲管爲不同異代風流爲八單取之意也幺二三爲春四五六爲夏取之景也三爲梛爲鴈五爲梅爲雲取之形也二爲兩京三爲三月取之數也六爲絲取之聲也四爲紅幺爲白取之色也大都合作者什之八九可謂

披沙揀金往往見寶郎宋人詩詞有絕佳者不敢
屏入恐大雅君子以爲儒冠而胡服也

天牌

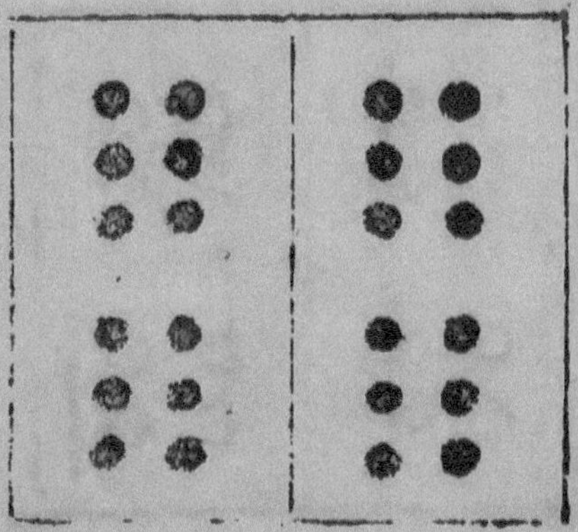

地牌

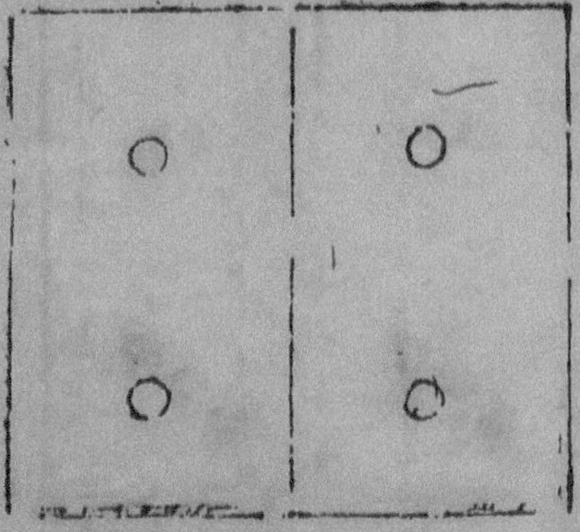

萬里無雲河漢明 朱之問

桃花亂落如紅雨 李華

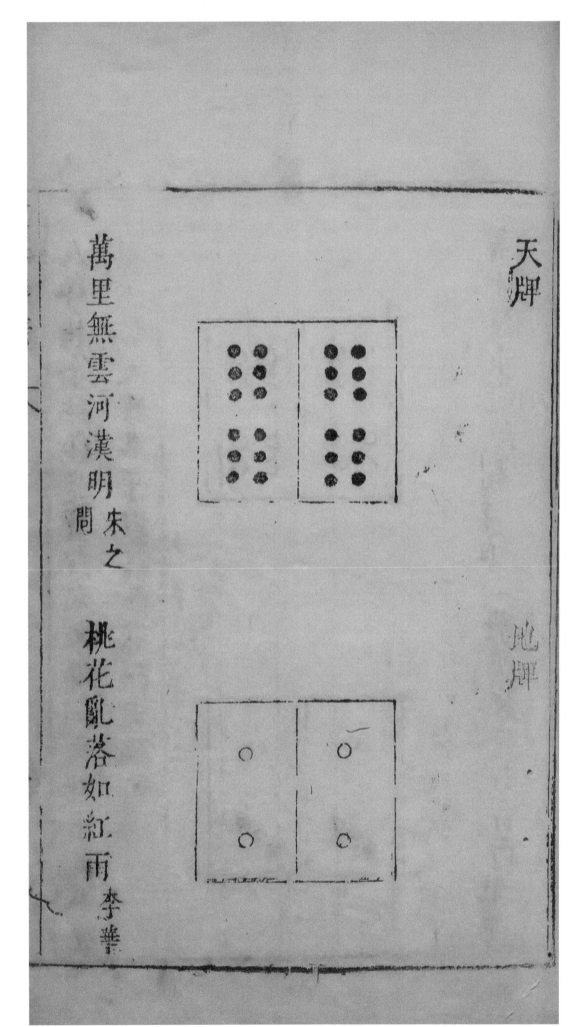

人牌

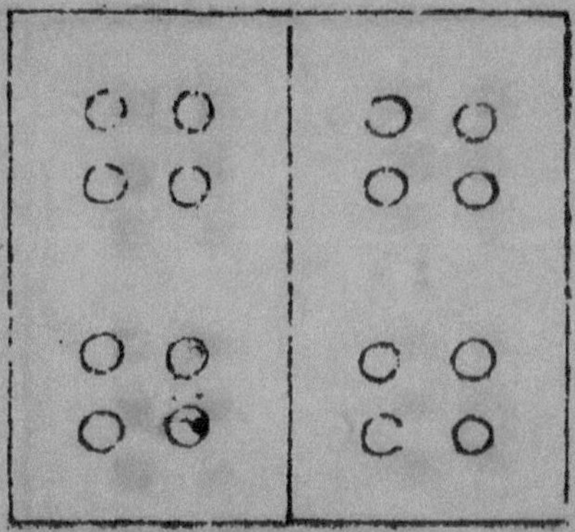

和牌

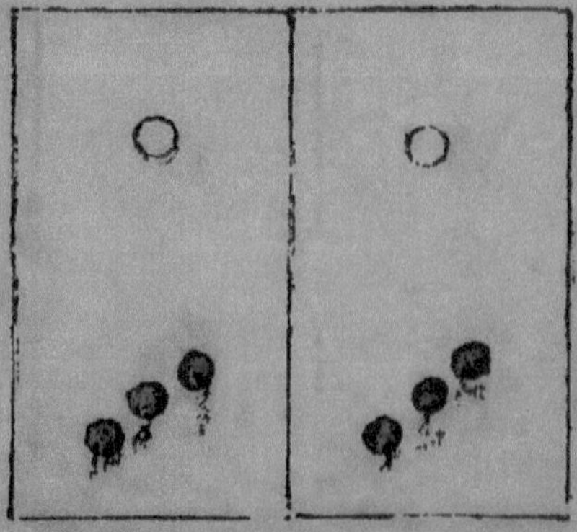

義士還家盡錦衣 李白

飛鴻冥冥日月白 杜甫

七星劍

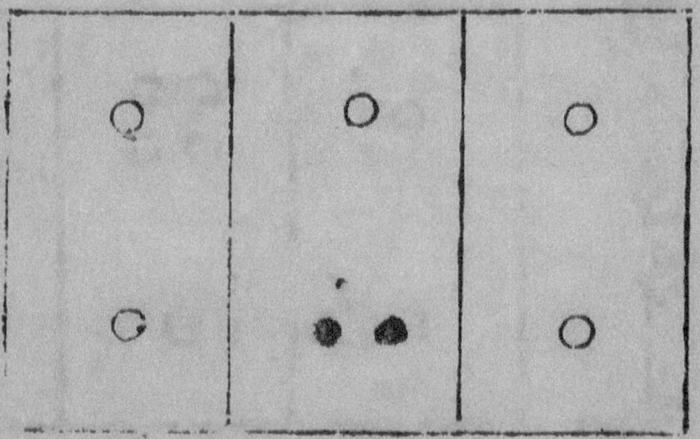

城上平臨北斗懸　蘇[illegible]

三綱五常

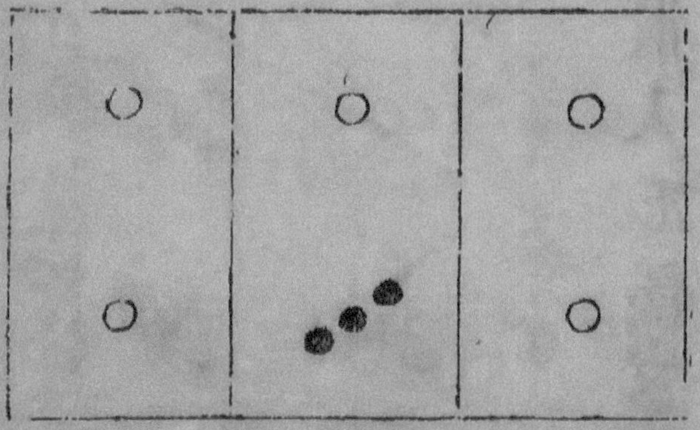

三峰高上五千仞　岑參

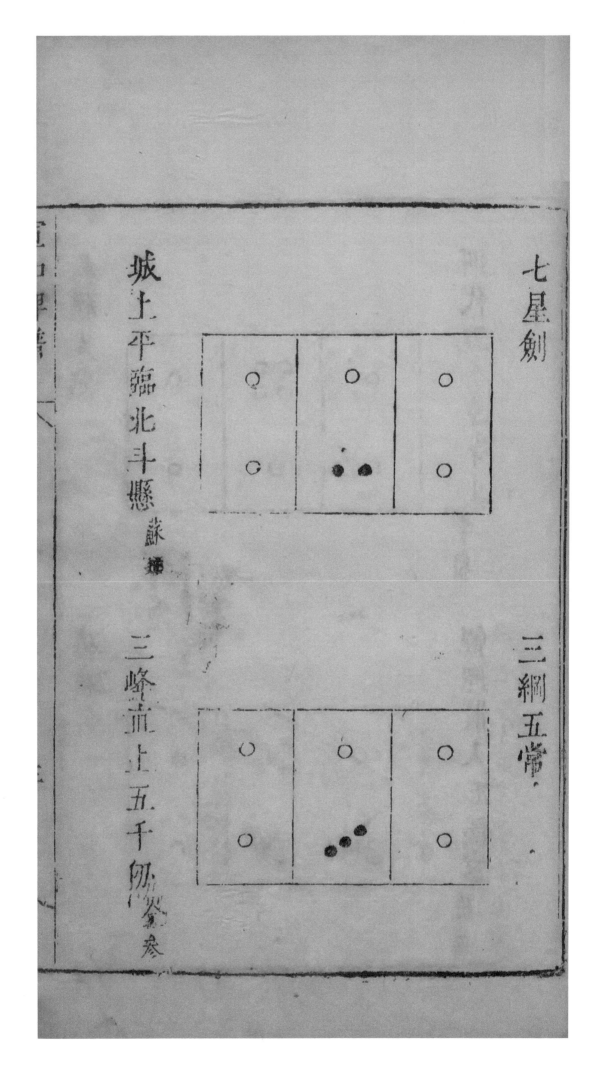

櫻桃九熟

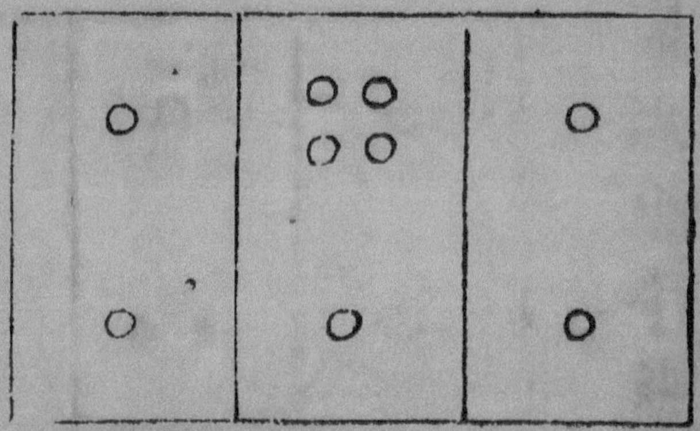

晝夜停

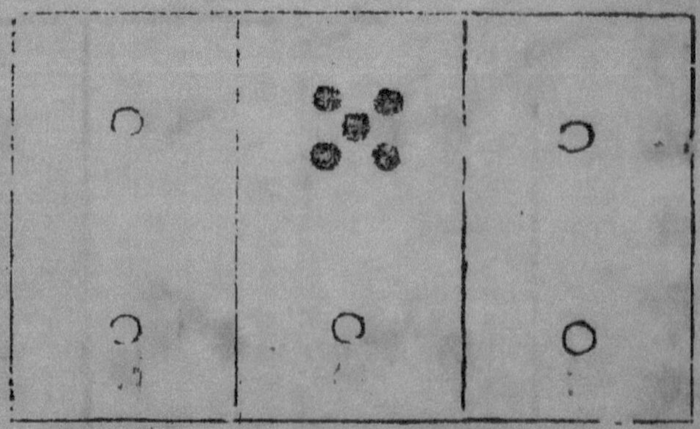

四代五公享茅土　李頎

輕煙散入五侯家　韓翃

公領孫

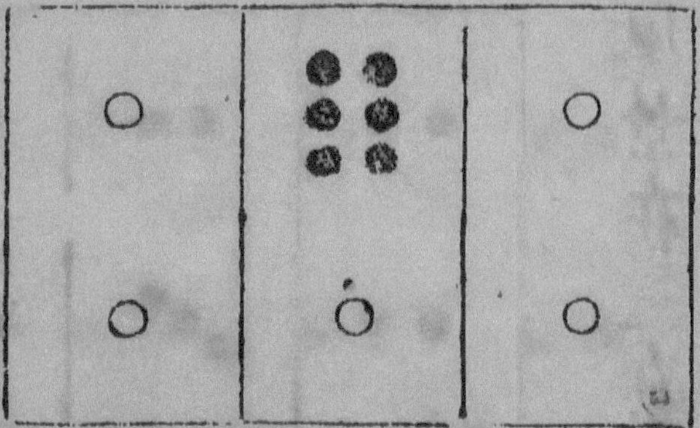

踏梯望月

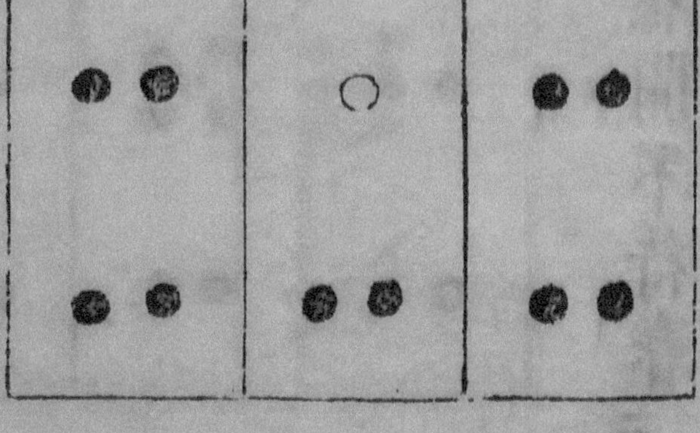

白頭翁入少年場　白居易

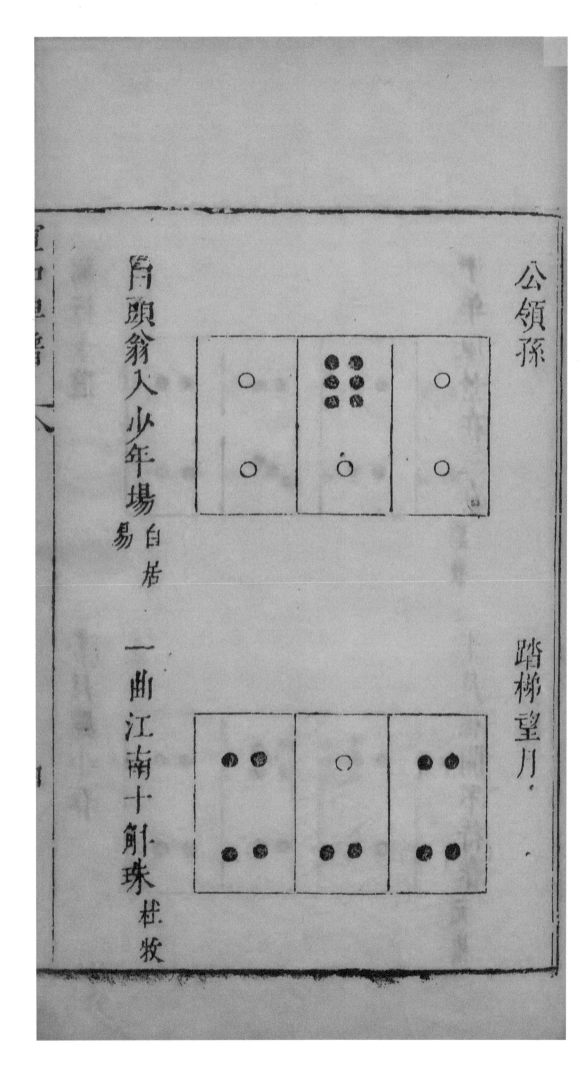

一曲江南十斛珠　杜牧

劍行十道

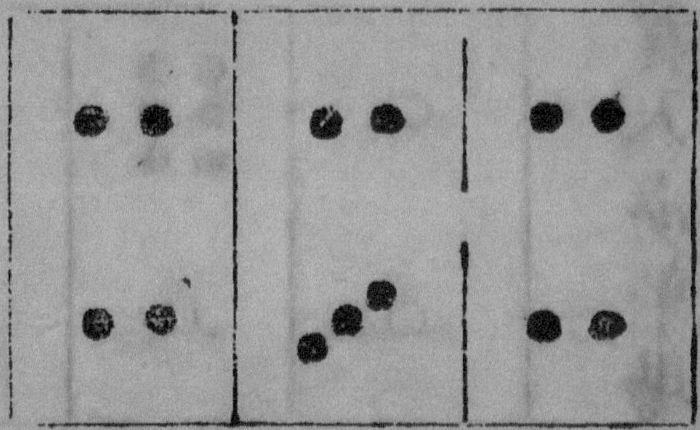

十年風景在三春　劉兼

十月應小春

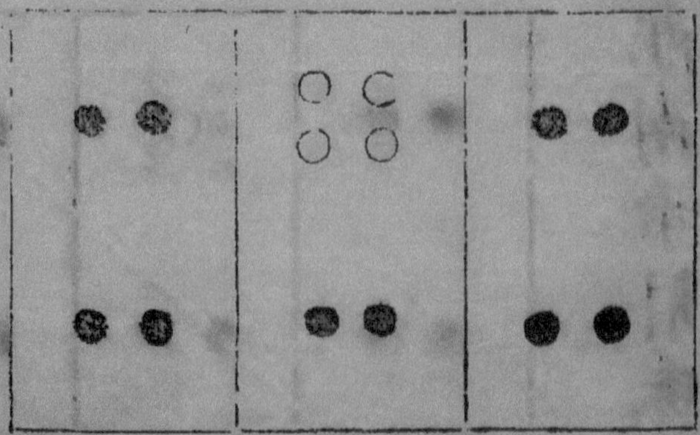

十月花開不待春　元楨

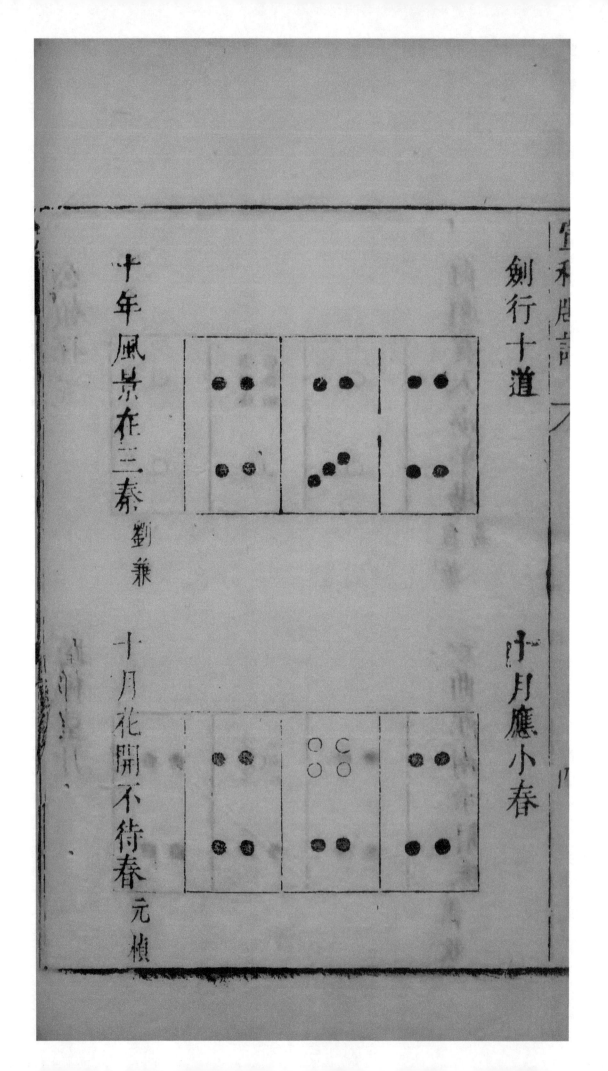

觀燈十五

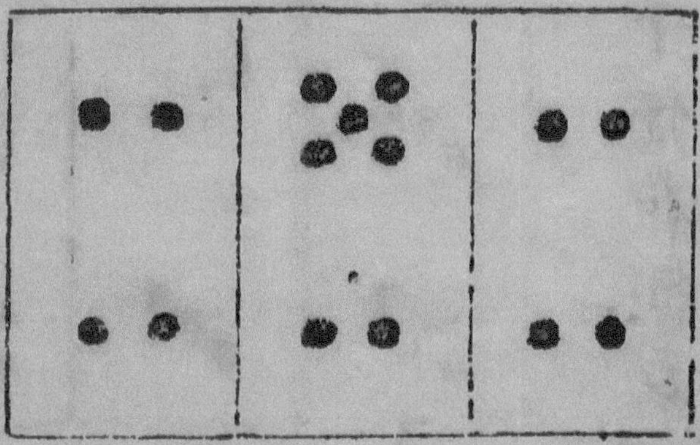

年年十月梅花發 虞祺

上天梯

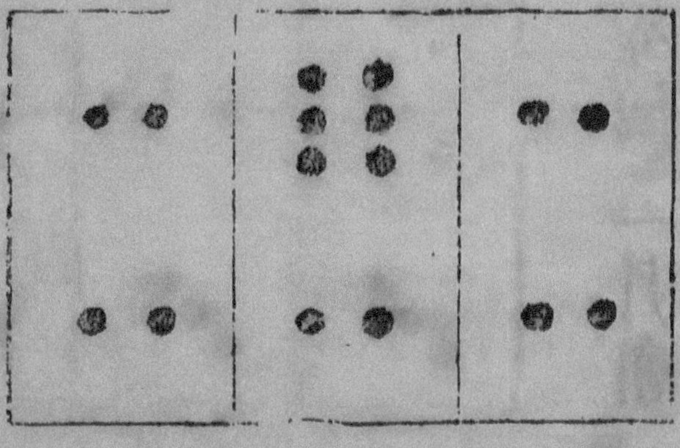

五湖春水接遥天 裴瑶

雁啣珠

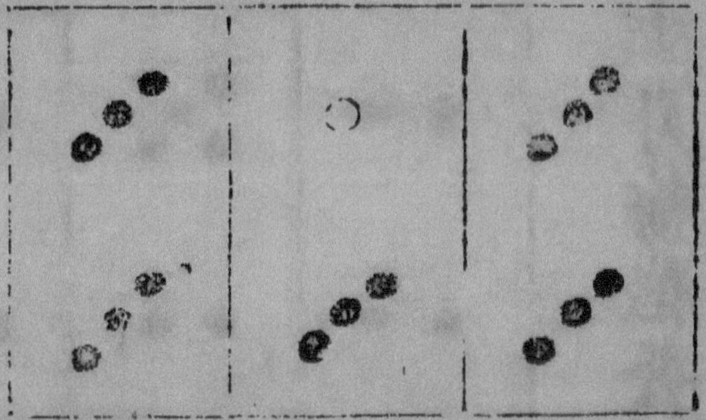

二姑把鬮

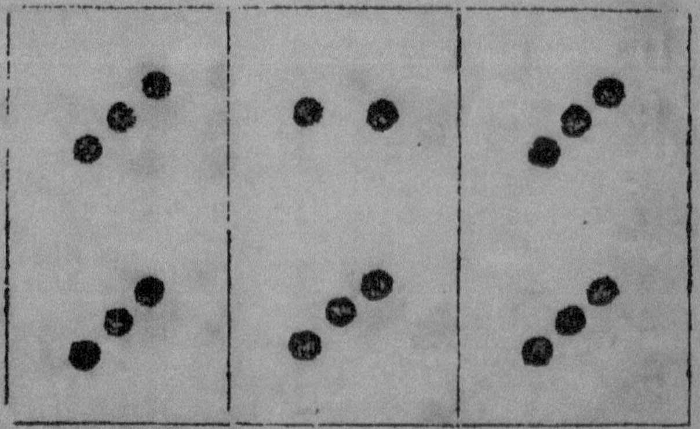

楊柳千條花欲綻沈佺期

黄鳥啼烟二月朝黄滔

羣鴉噪鳳

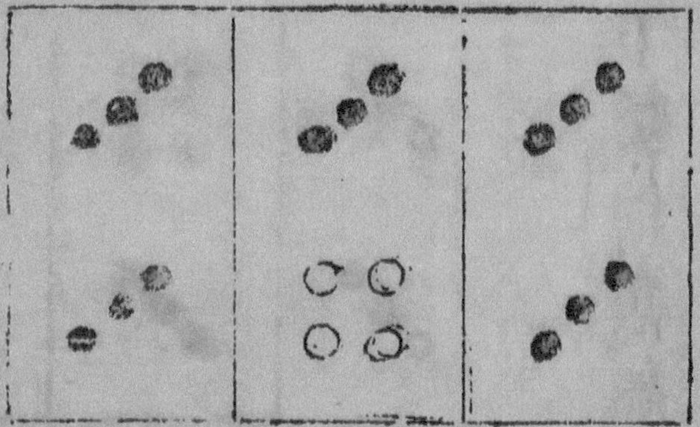

桃花欲落柳條長 劉憲

寒雀爭梅

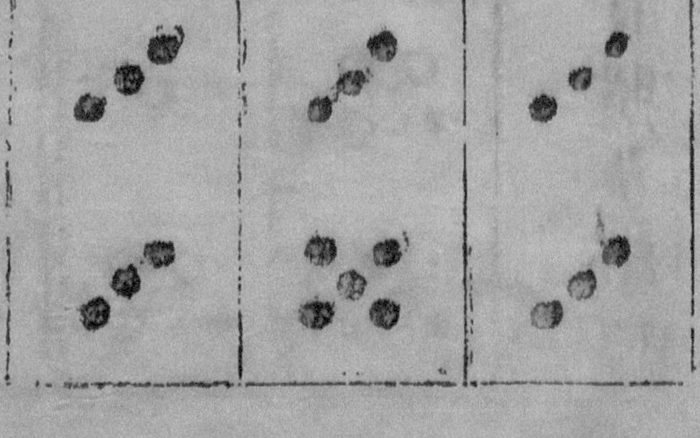

陶令門前五柳春 一 釋處

鐵索纜孤舟

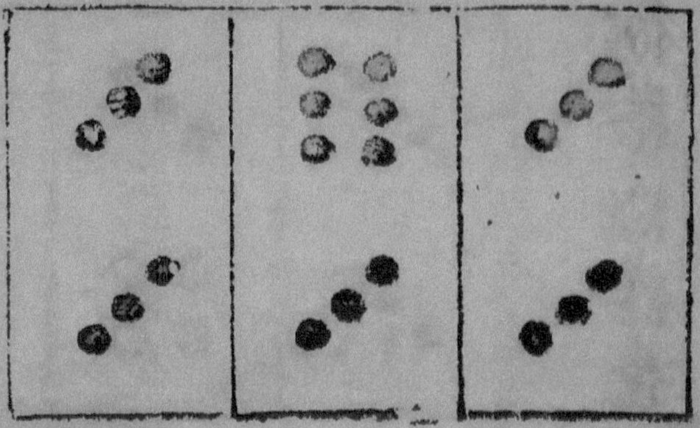

垂楊下繫釣魚船　高適

火煉丹

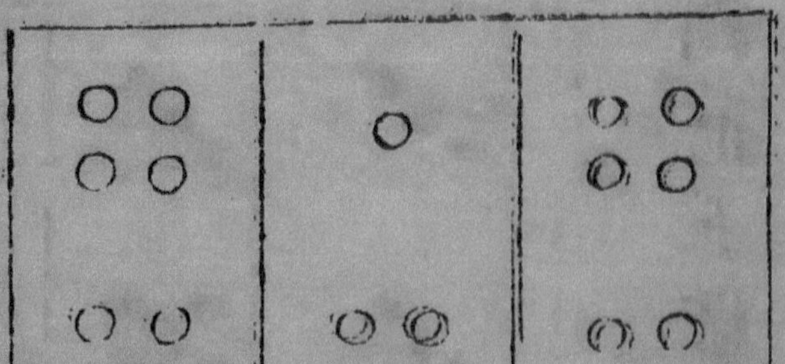

空庭日照花如錦　楊衡

二士入桃源

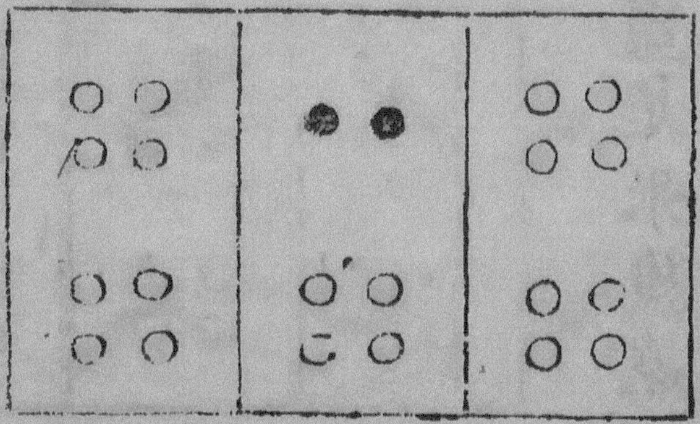

霜葉紅於二月花 杜牧

霞天一隻雁

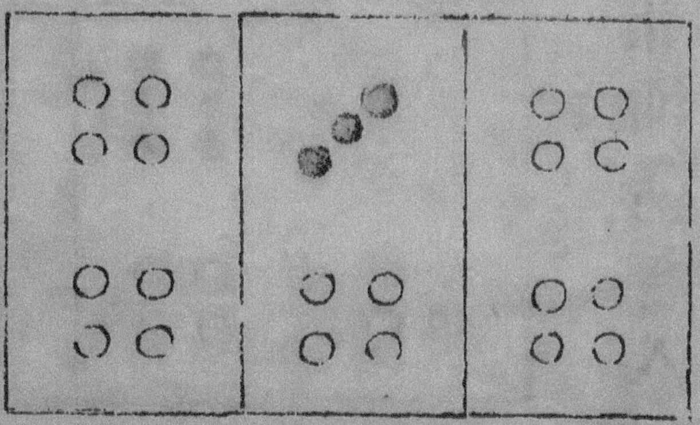

減卻桃花一片紅 施肩吾

火燒梅

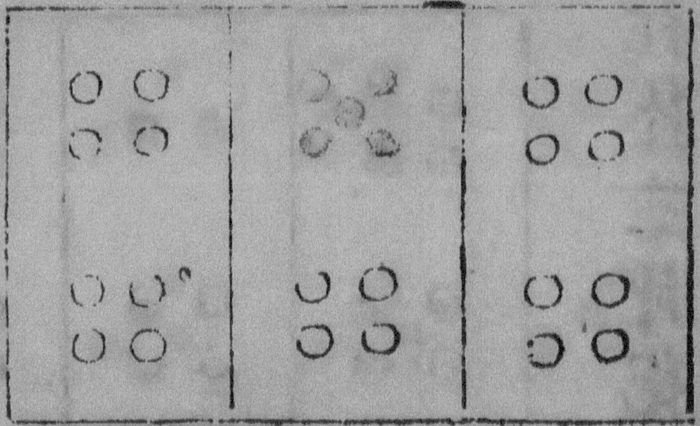

青山盡是朱旗遶 王維

臨老入花叢

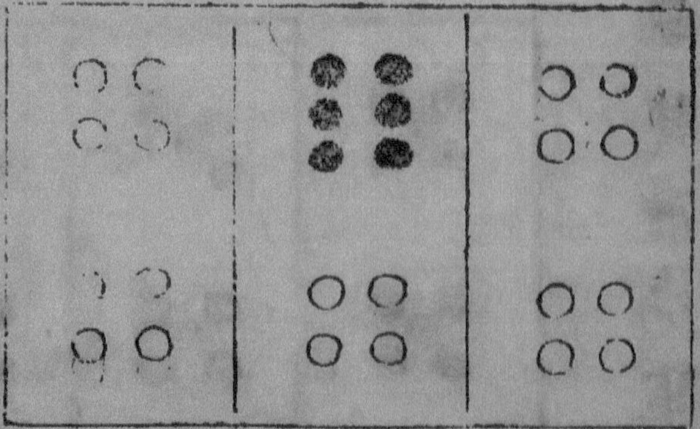

老醉花間能幾人 劉禹錫

梅梢月

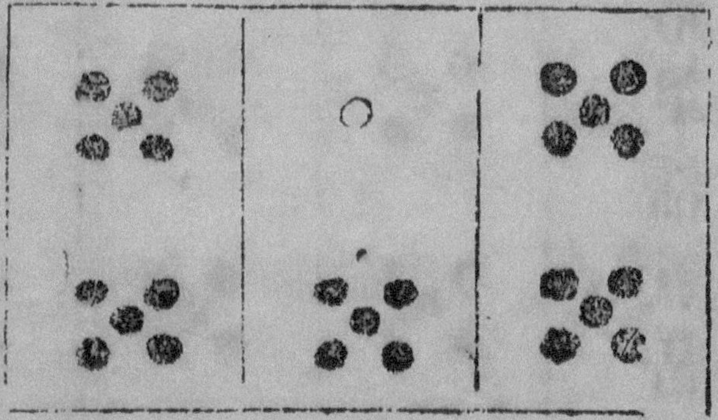

相思一夜梅花發 盧仝

二郎遊五岳

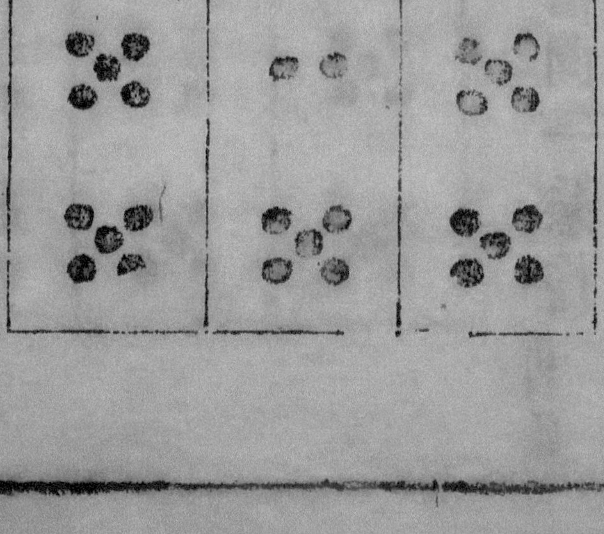

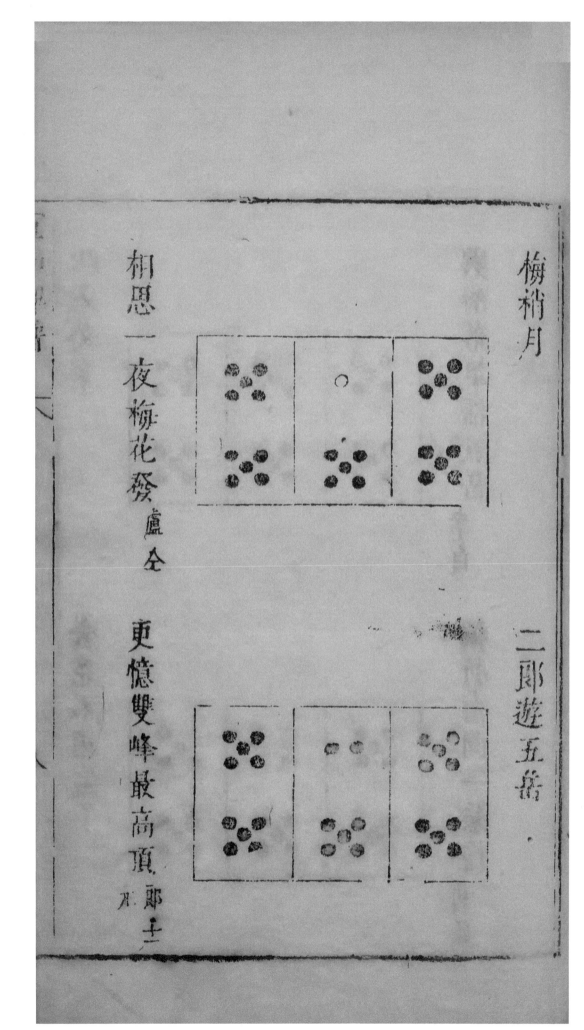

更憶雙峰最高頂 郎士元

鯽入菱窠

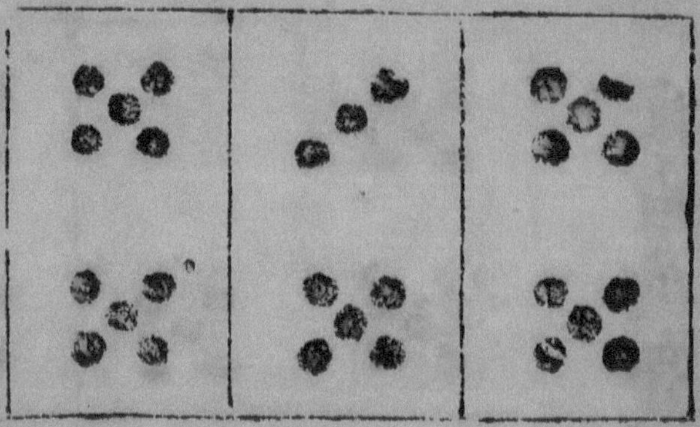

興酣落筆搖五岳 李白

貪花不滿三十

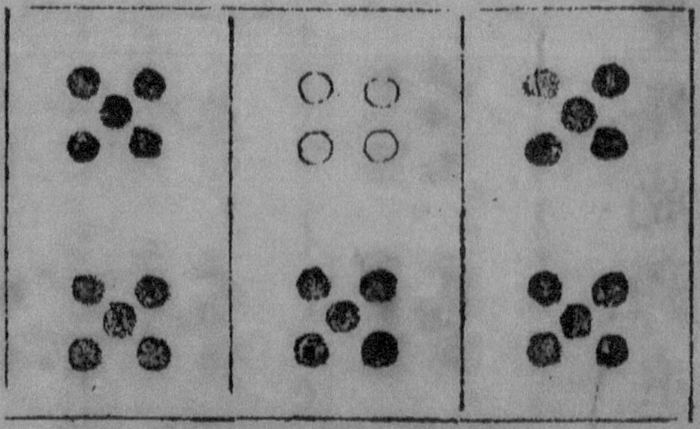

獨折南園一朵梅 杜牧

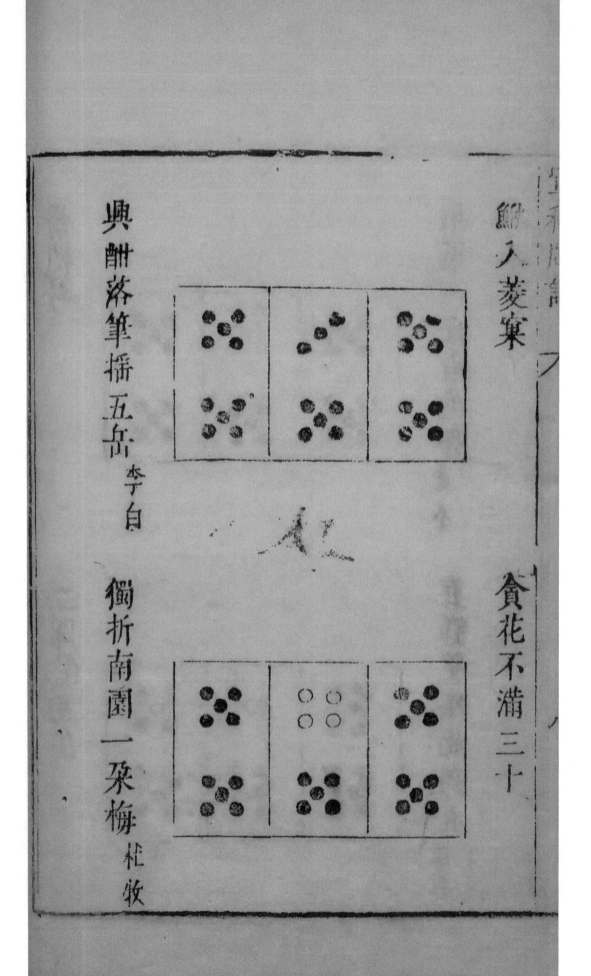

五岳朝天

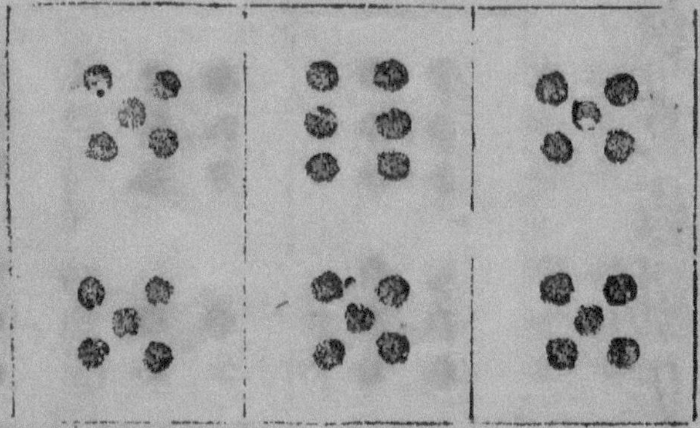

六出天花盡是梅　熊孺登

烏龍戲珠

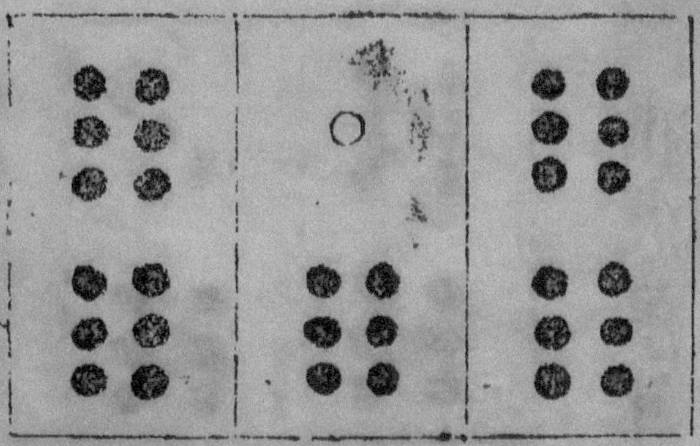

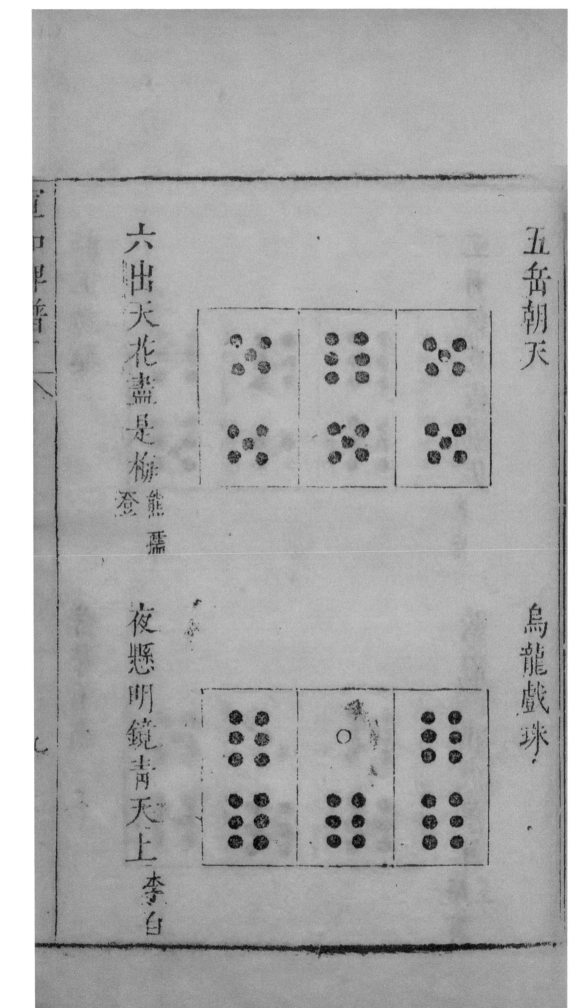

夜懸明鏡青天上　李白

烏龍斬眼

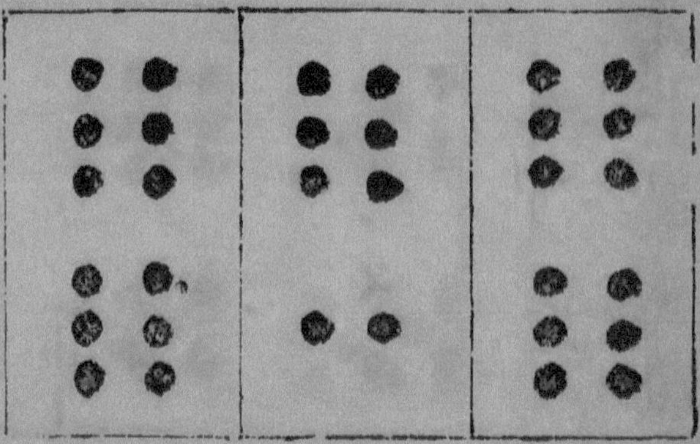

蘇秦背劍

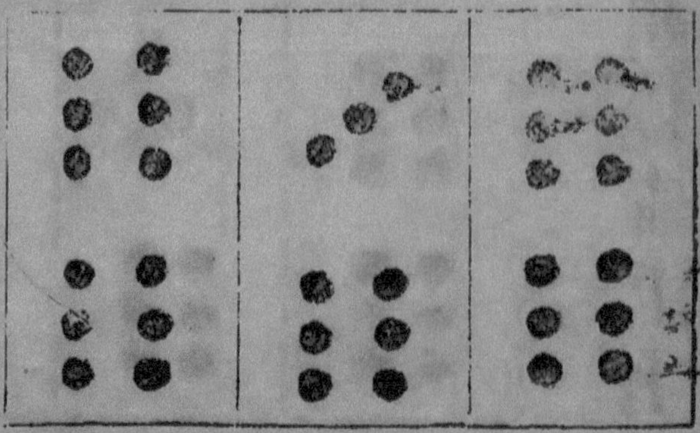

二月無花雪滿天 竇鞏

碧海三山波浪深 駱賓王

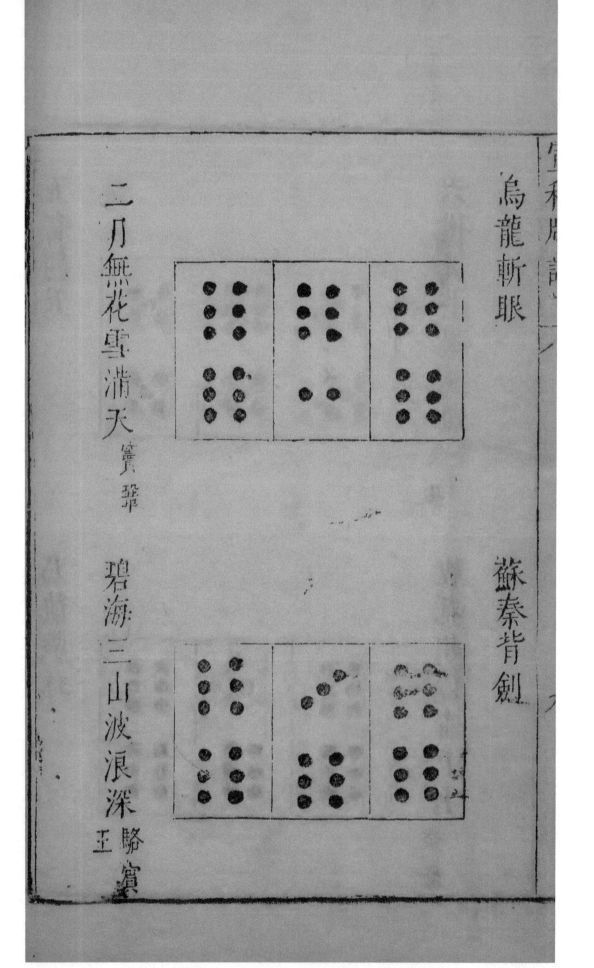

將軍掛印

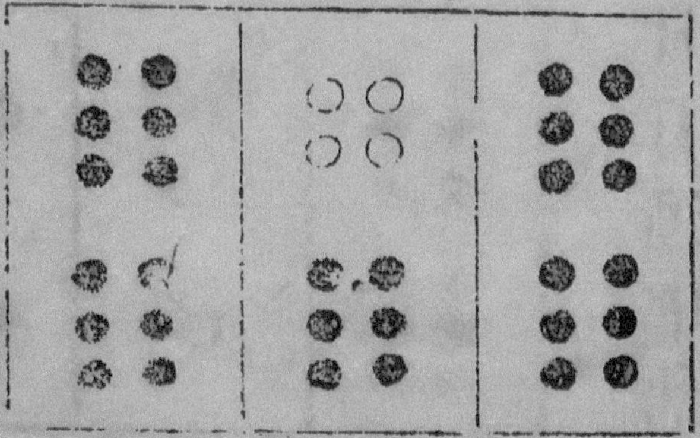

將軍天上封侯印 訋高

根點不到

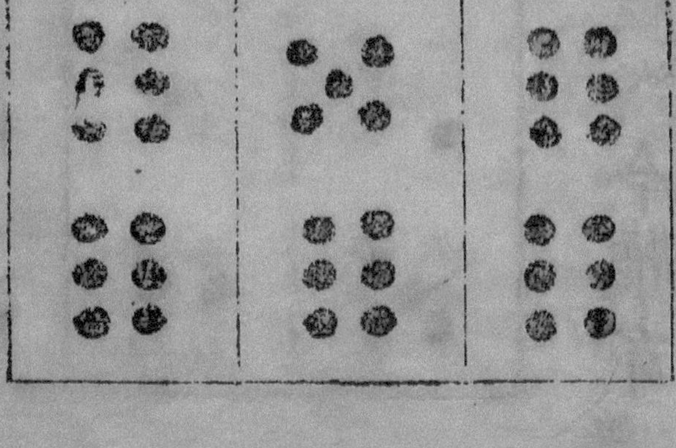

梅花色白雪中明 江總

孩兒十

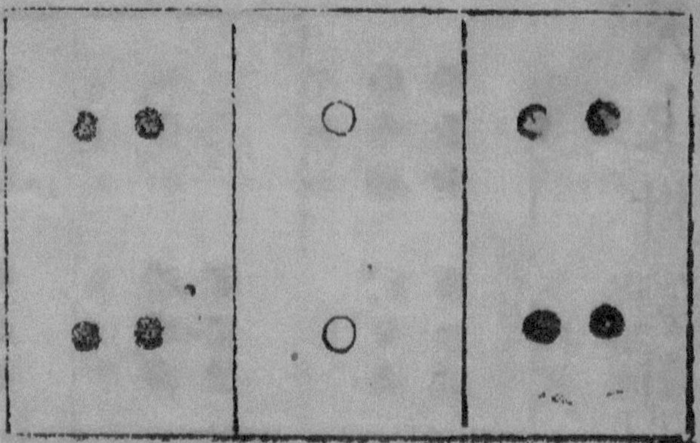

折足雁

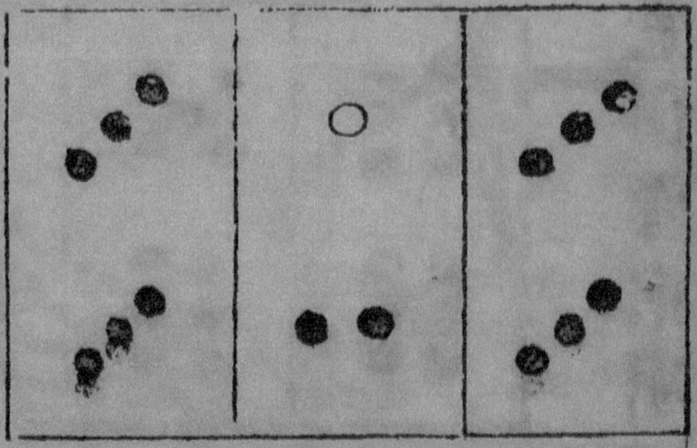

詩中日月酒中仙 皮日休

錦書雁斷今難寄 張顛

一枝花

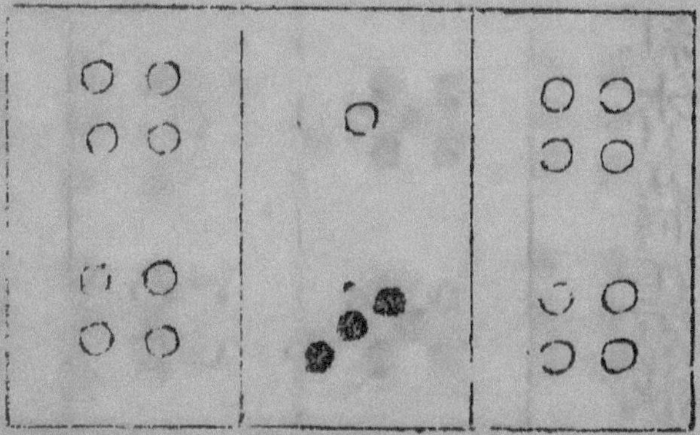

隔子眼

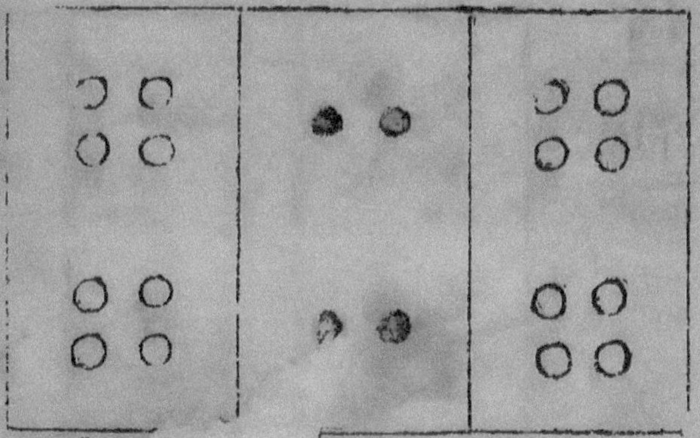

三更獨立看花月 潘咸

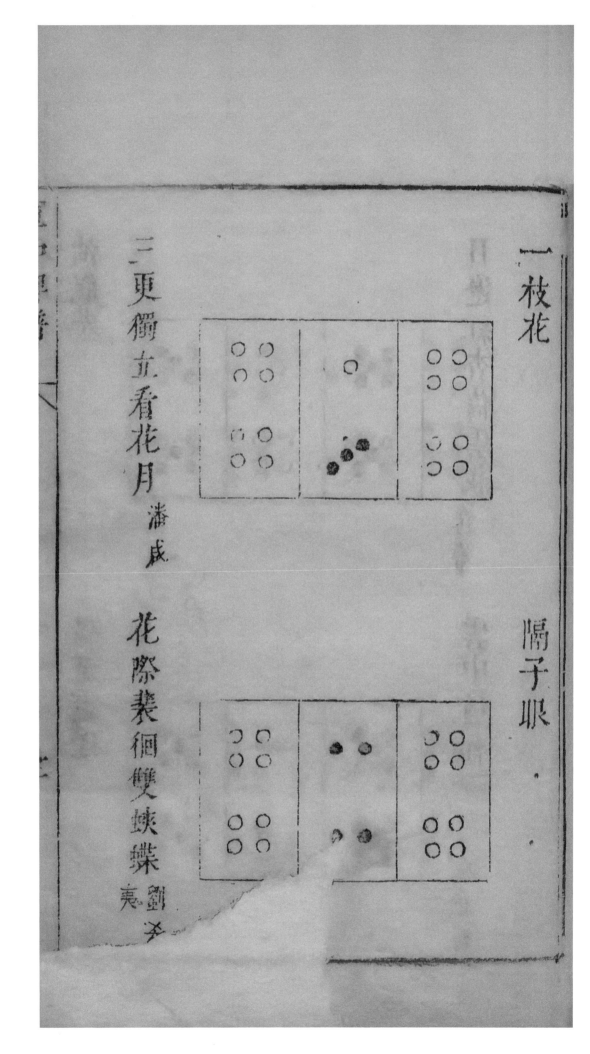

花際裴徊雙蛺蝶 劉[illegible] 夷

油瓶蓋

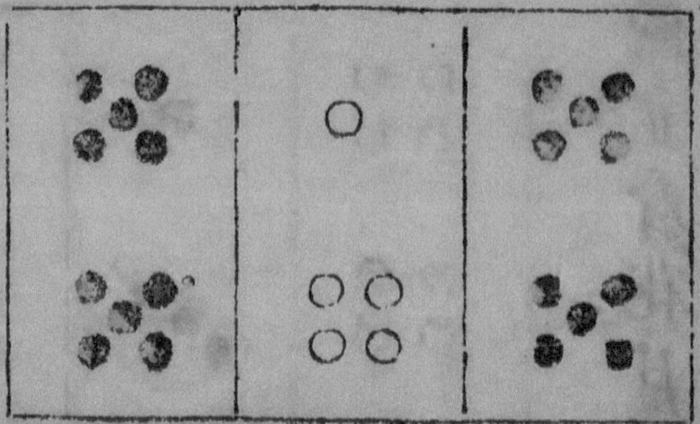

門邊紅杏倚雲栽　高蟾

劈破蓮蓬

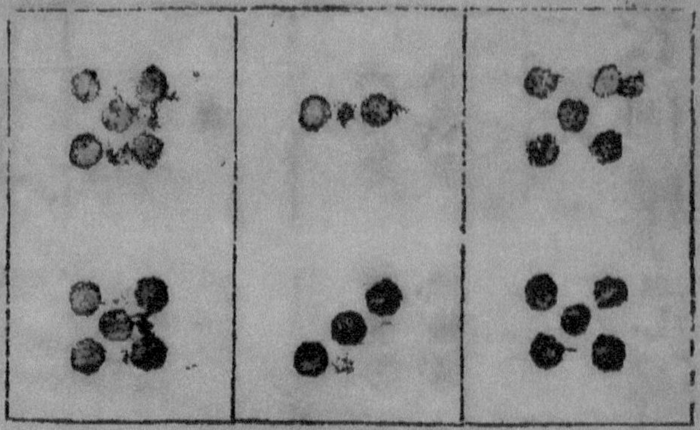

雲中猶有兩三家　張籍

雙龍入海

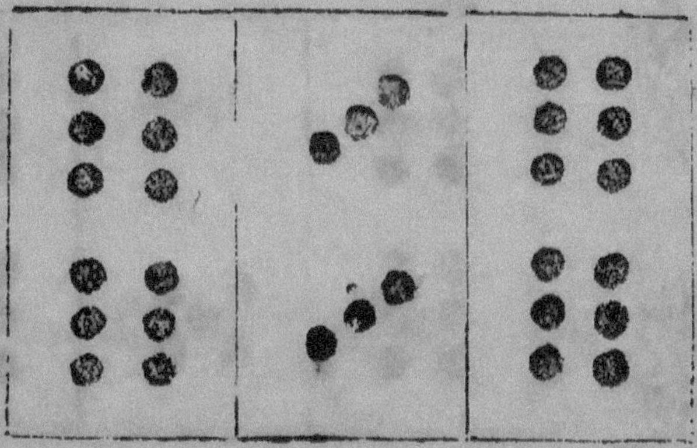

碧濤深處有潛龍 戴叔倫

鍾馗抹額

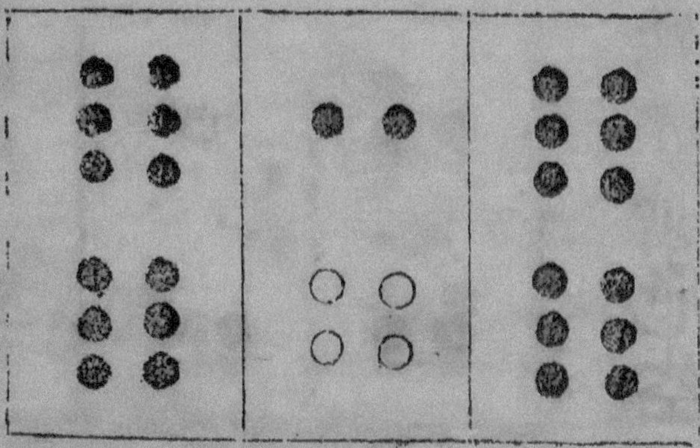

蓬山二月看花開 李賀

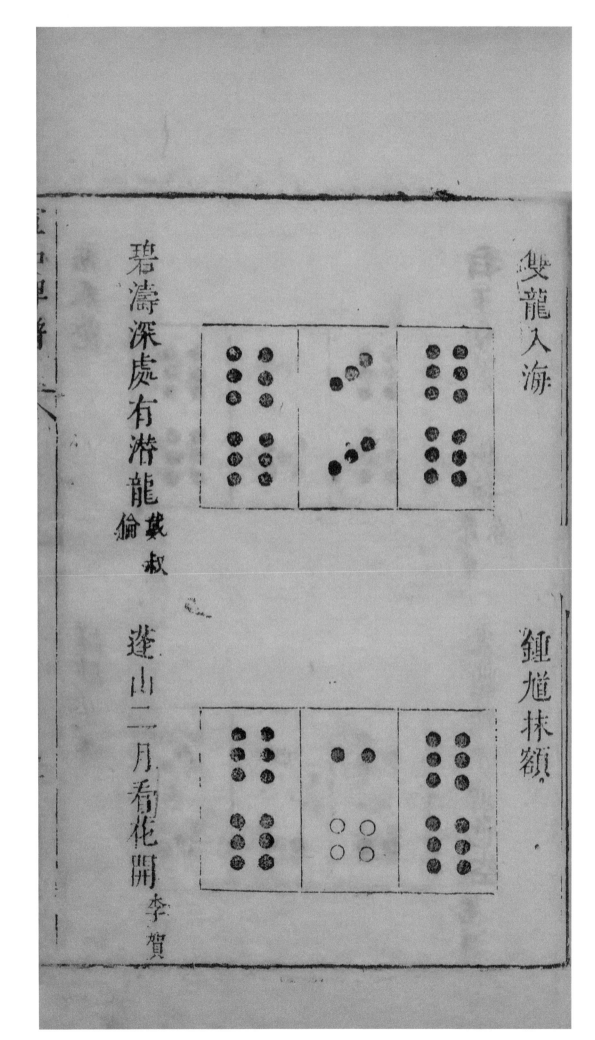

秃爪龍

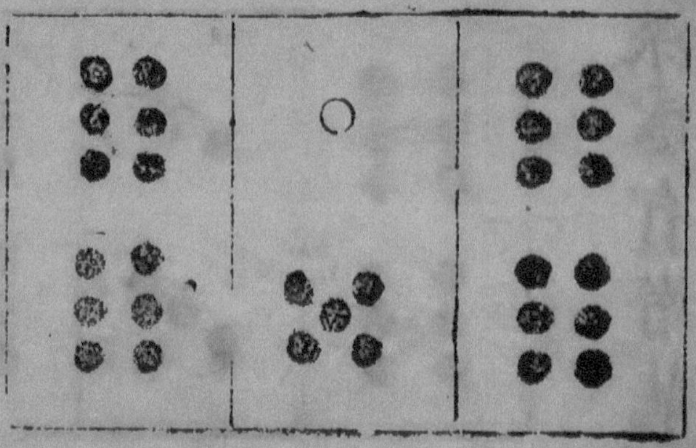

洪範九疇

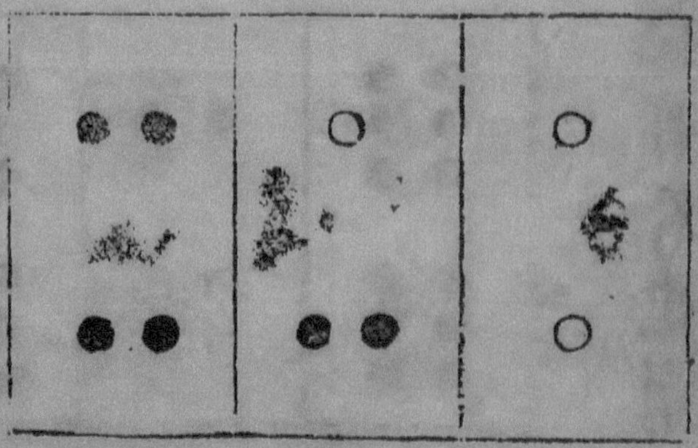

碧玉堂前一樹梅 薛綱翁

九點秋煙黛色空 [illegible]

魚遊春水

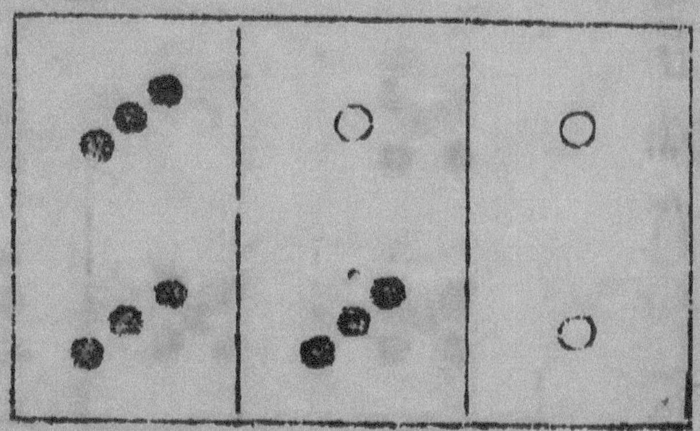

爲與三山送九仙 武三思

落花紅滿地

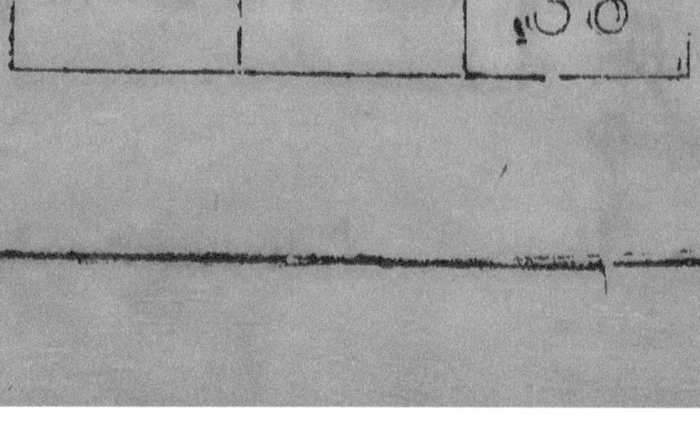

杏豔桃嬌奪晚霞 居彥謙

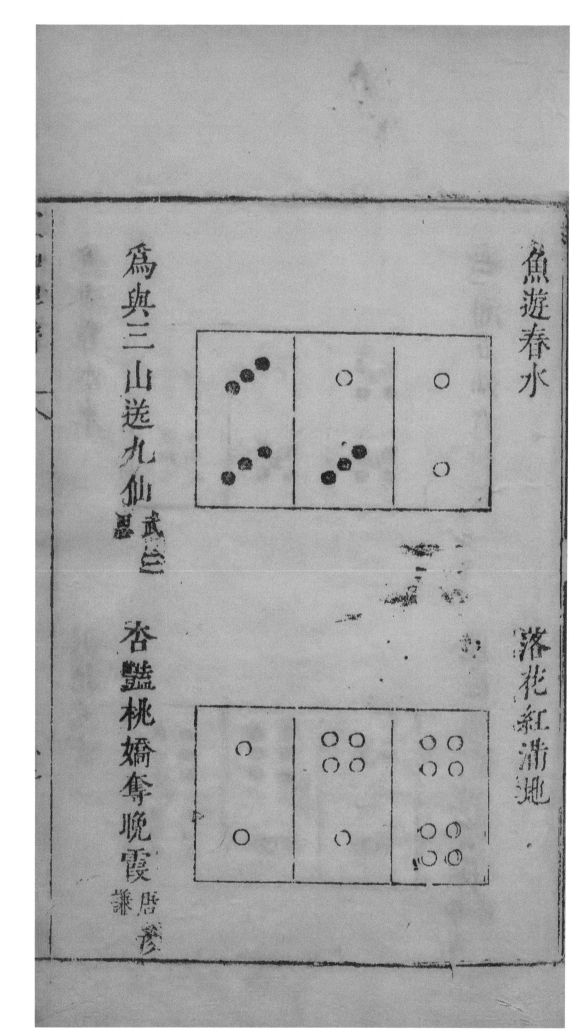

雪消春水來

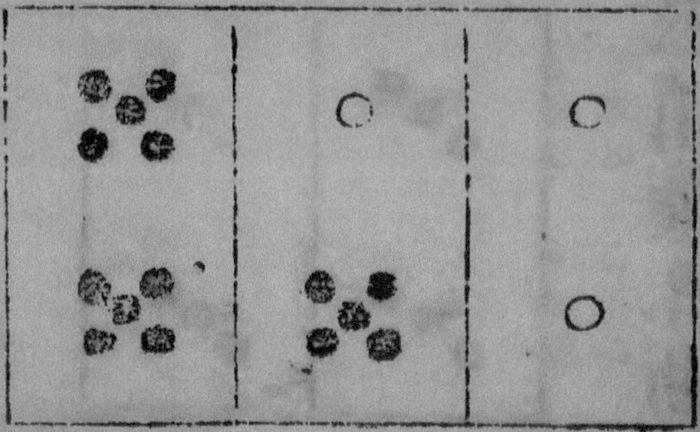

三湘五湖意何長 賈至

天地交泰

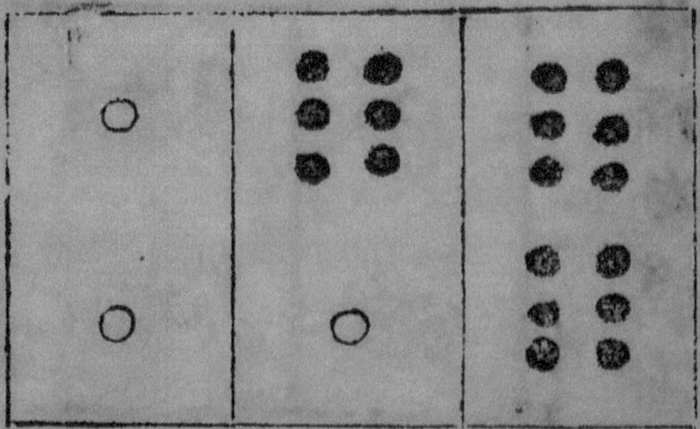

地險悠悠天險長 李商隱

河圖十五

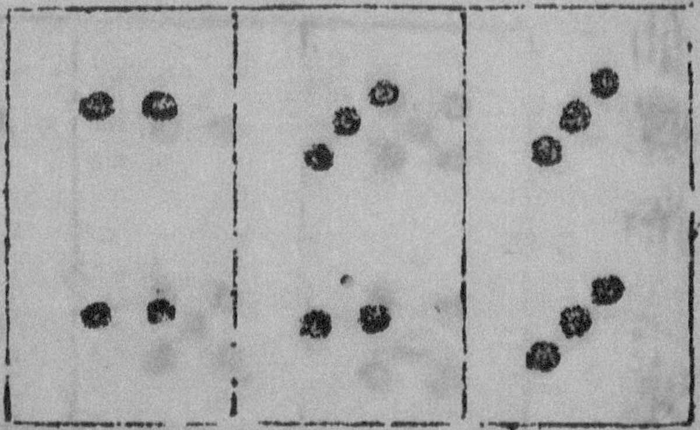

九日茱萸餐六軍　儲光羲

花開蝶戀枝

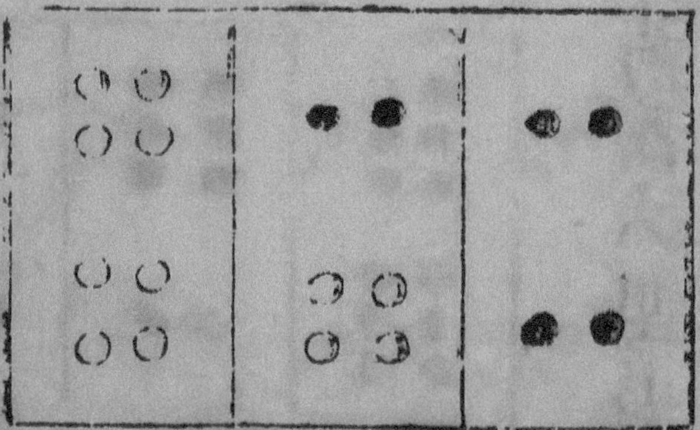

水滿清江花滿山　李德裕

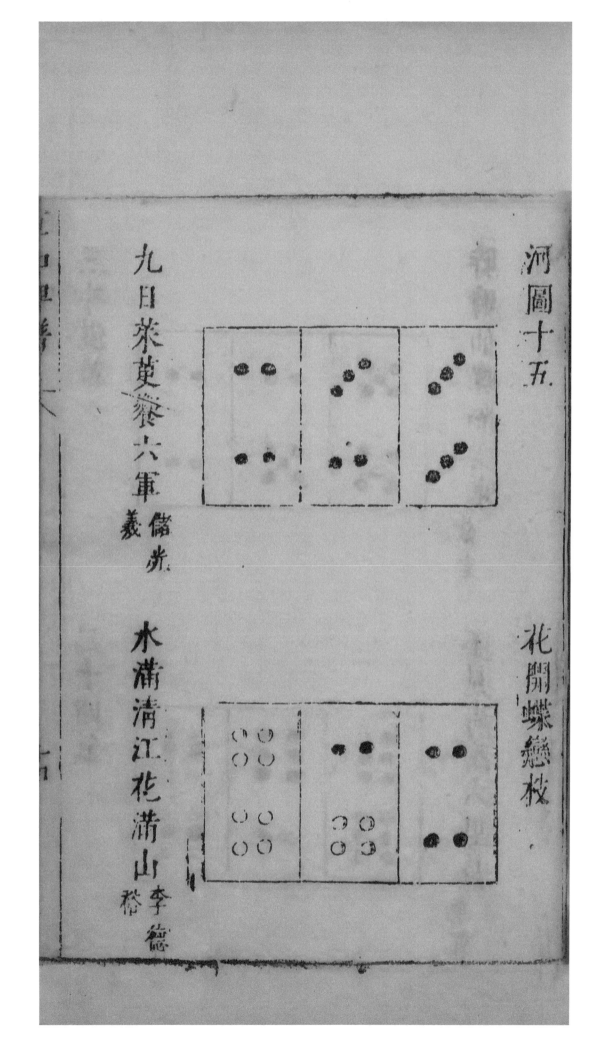

三斗混雜

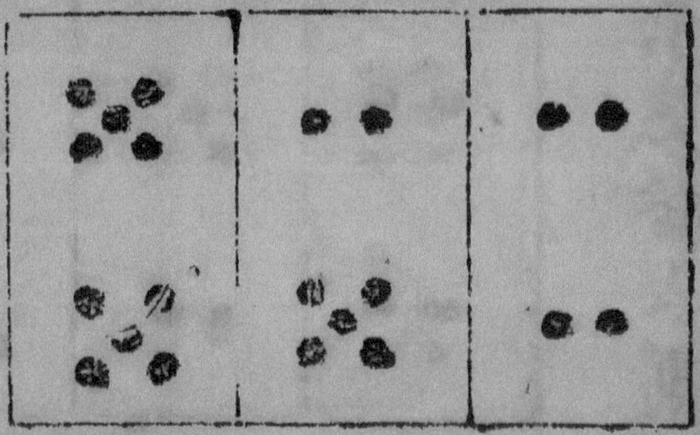

時時仙蝶隔雲來　錢起

二十四氣

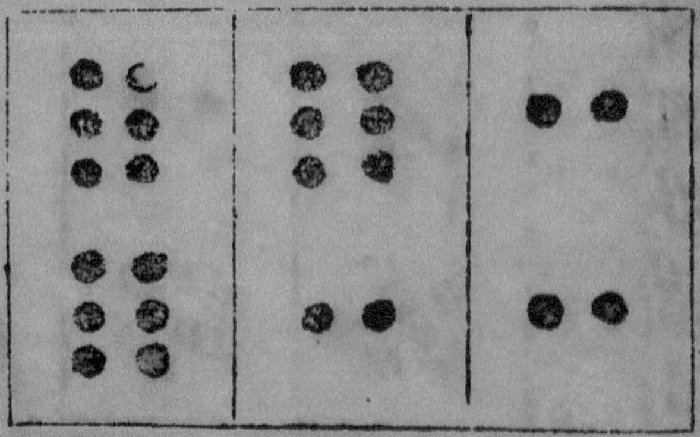

不見青陰六里長　李賀

九溪十八洞

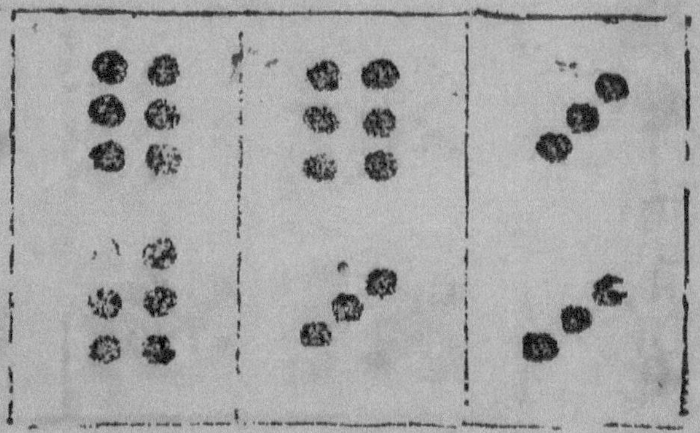

九疑山碧楚天高　張泌

紫燕穿簾幙

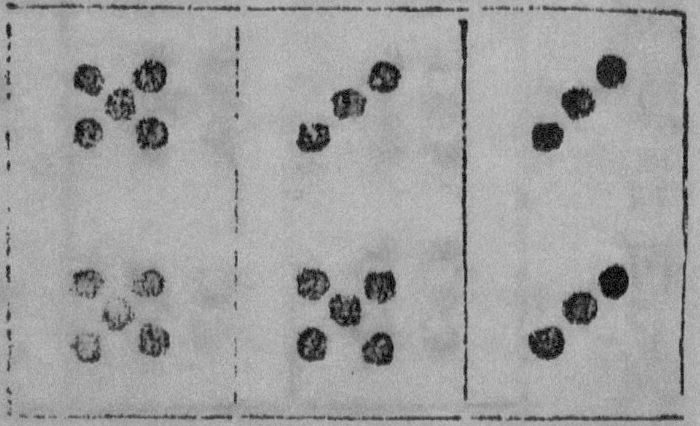

梅花柳絮一時新　趙彥昭

桃紅柳綠

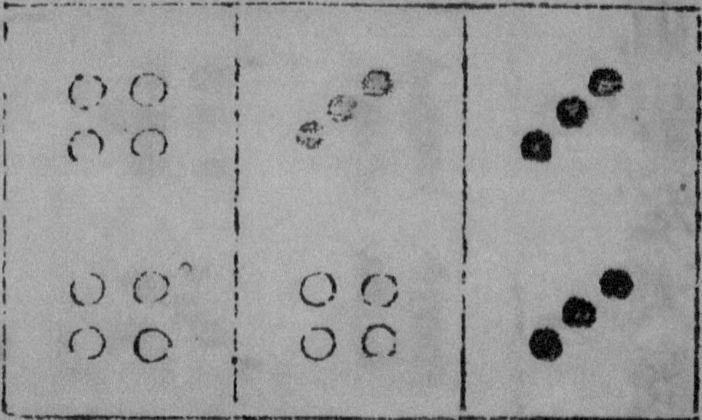

金菊對芙蓉

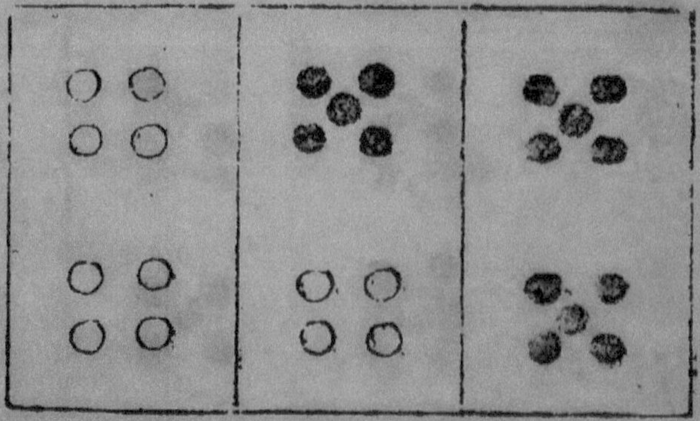

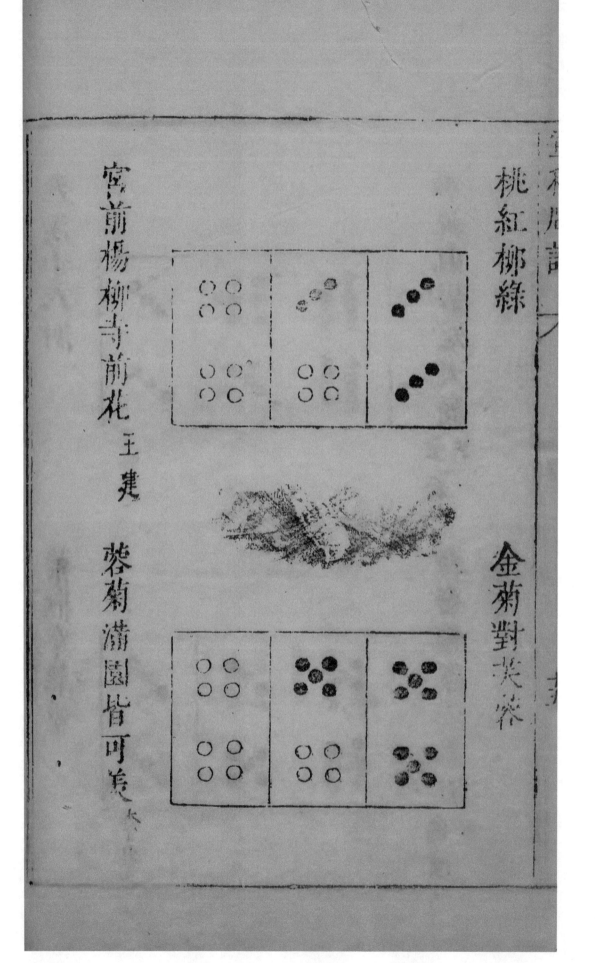

宮前楊柳寺前花 王建

蓉菊滿園皆可羨

綠暗紅稀

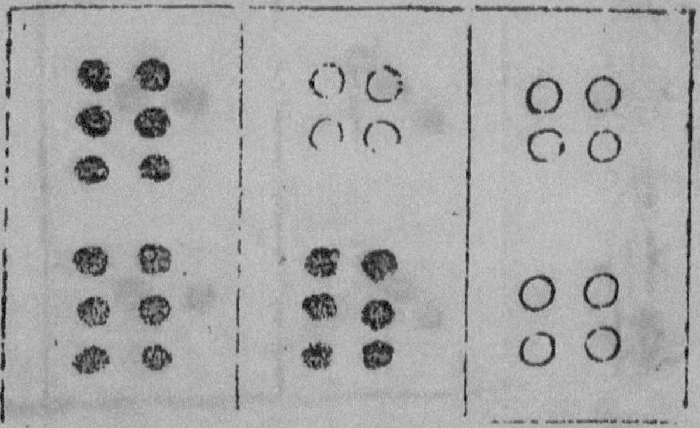

紅花初綻雪花繁 溫庭筠

龍虎風雲會

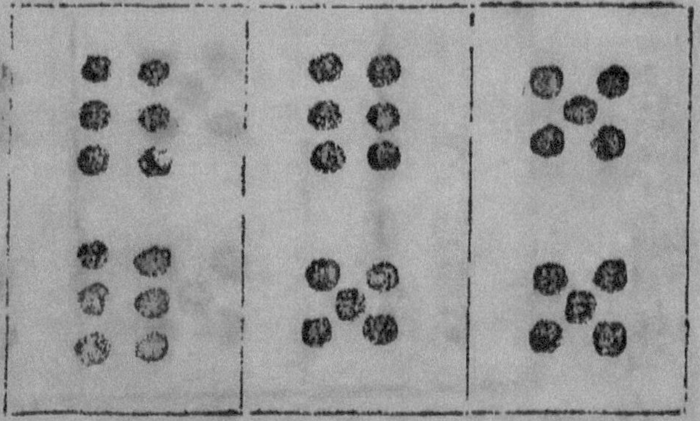

花發梅溪雪未消 釋皎然

順水魚兒

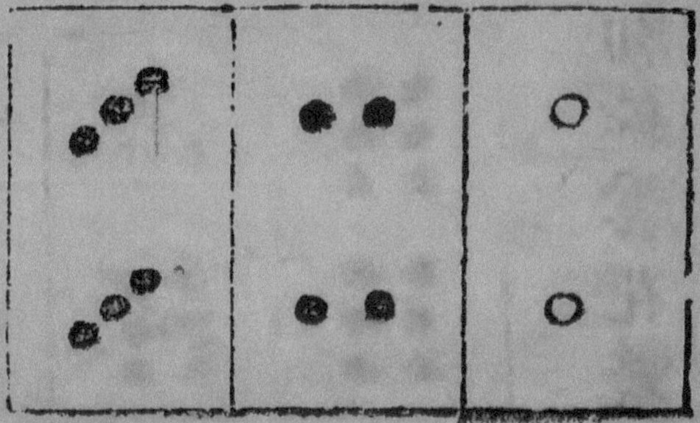

正馬軍

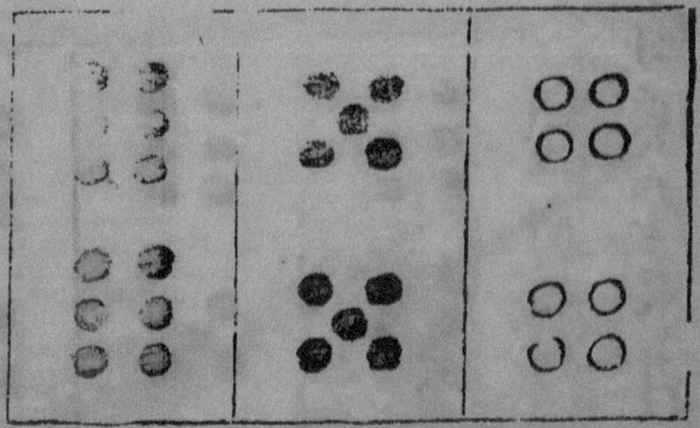

只言歲歲長相對。崔灝

紅綠層層錦繡斑。白行簡

◎

正雙飛

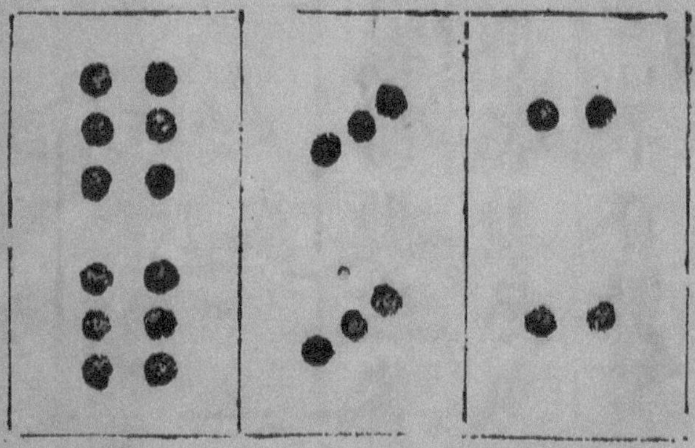

順不同

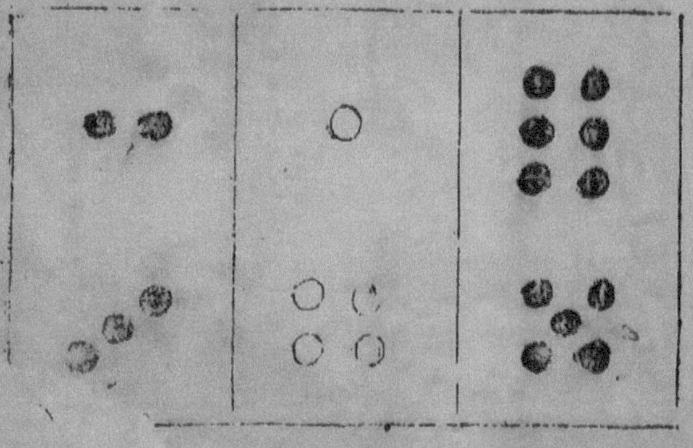

綠陰相間兩三家 司參圖

歲歲年年人不同 求之門

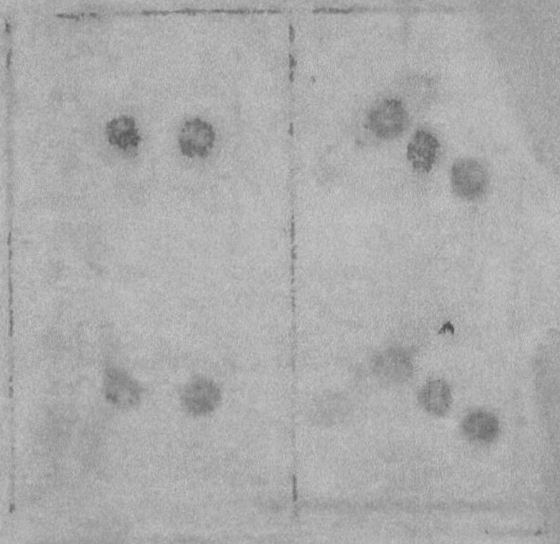

◎

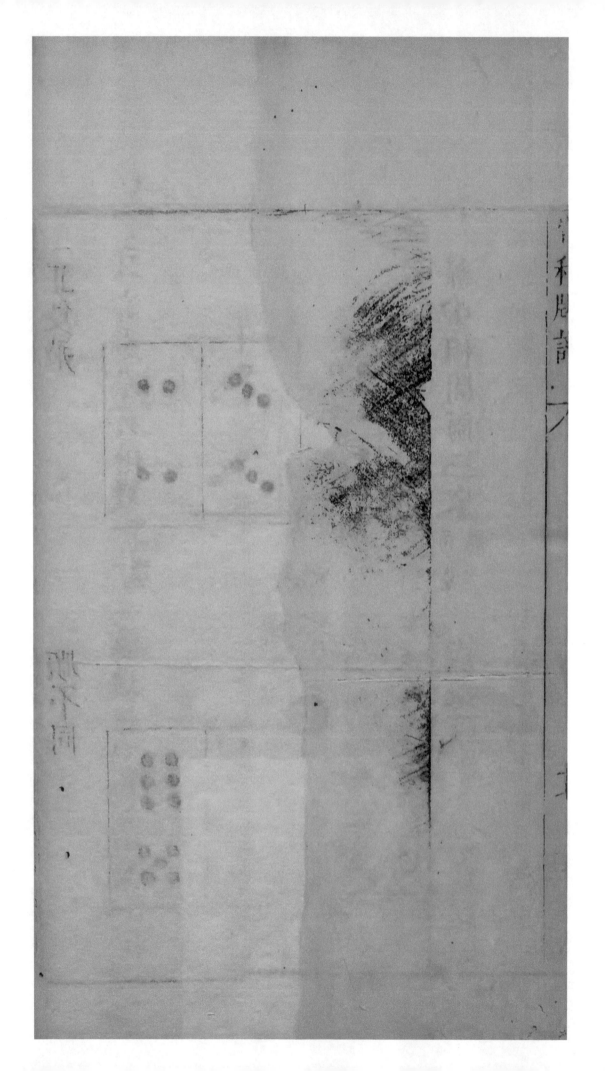

譜雙序

孔子有言不有博奕者乎爲之猶賢乎已大氐人之從事百役勞倦湫底不可以久必務游息以澄神滌氣故取諸博博之名號不同其志於戲一也然奕棊象戲家澈戶曉至雙陸打馬葉子硯明瓊爲標的非圖譜則無以得彷彿雙陸最近古號雅戲以傳記考之獲四名曰握槊曰長行曰波羅塞戲曰雙陸若始於西竺流於曹魏盛於梁陳魏齊隋唐之間我太宗皇帝播之聲詩紀於奎文雙有光焉閱時盖久中州

泯泯罕見而殊方偏譯類能爲之家君北歸余虞侍從容始得北雙之說南遷眞陽嘗往觀遂之番禺又聞所謂南雙者私竊自語以爲四荒之戲玆得其二亘遼以東或謂與南無殊惟西樊踔遠叵得而詳當闕之以俟它日於是攈古審今悉輯諸書所載彙而著之凡局馬之法與夫拖置入出之度粲然於此謂之譜雙憶余通判常州時北客狎至乘舸博雙連日夜不猒信使舉以訪余余反復諗之終不之解則雙之不絕者無幾矣是書固未能盡要已十得八九覽

者當自得云紹興辛未六月庚午朔鄱陽洪遵敍

四所謂兩漢者以寄皆百所以爲四法之舊什
言論以東或與内稱推内要轉選一四中行
竊之以後它日於是推古鑒今悉韓諸書所於
吉之凡局爲之法與夫稗野人間之傳聞異辭並
之書便參考通判常州將北客郡至事剛村
後十世信傳是以而今命及後論之不之中間

譜雙目錄

第一卷

第二卷

第五卷 總錄

譜雙卷第一　　盤馬制度

宋　洪遵

北雙陸盤

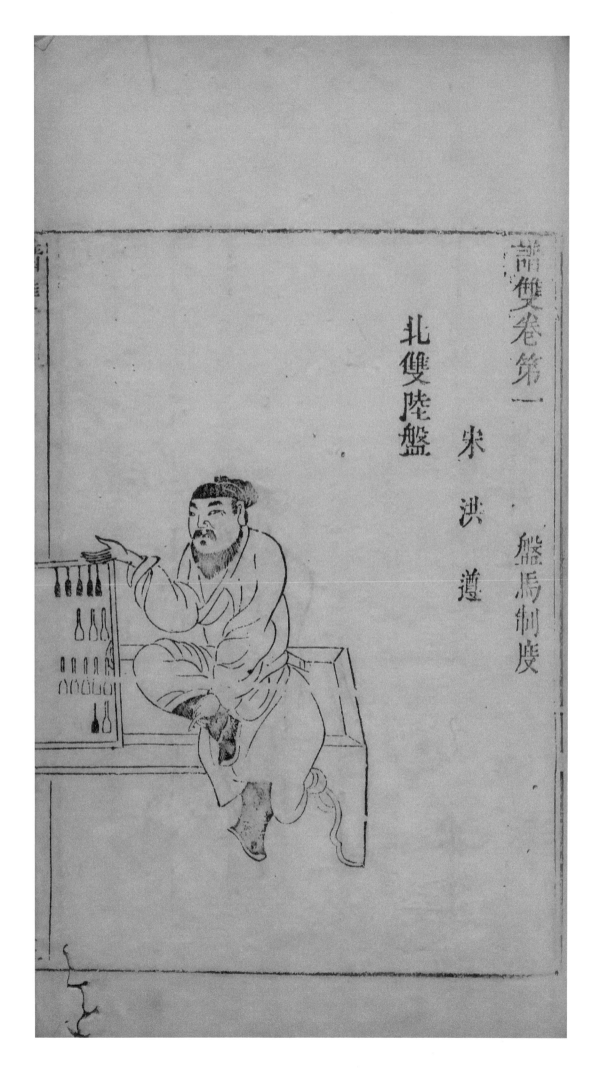

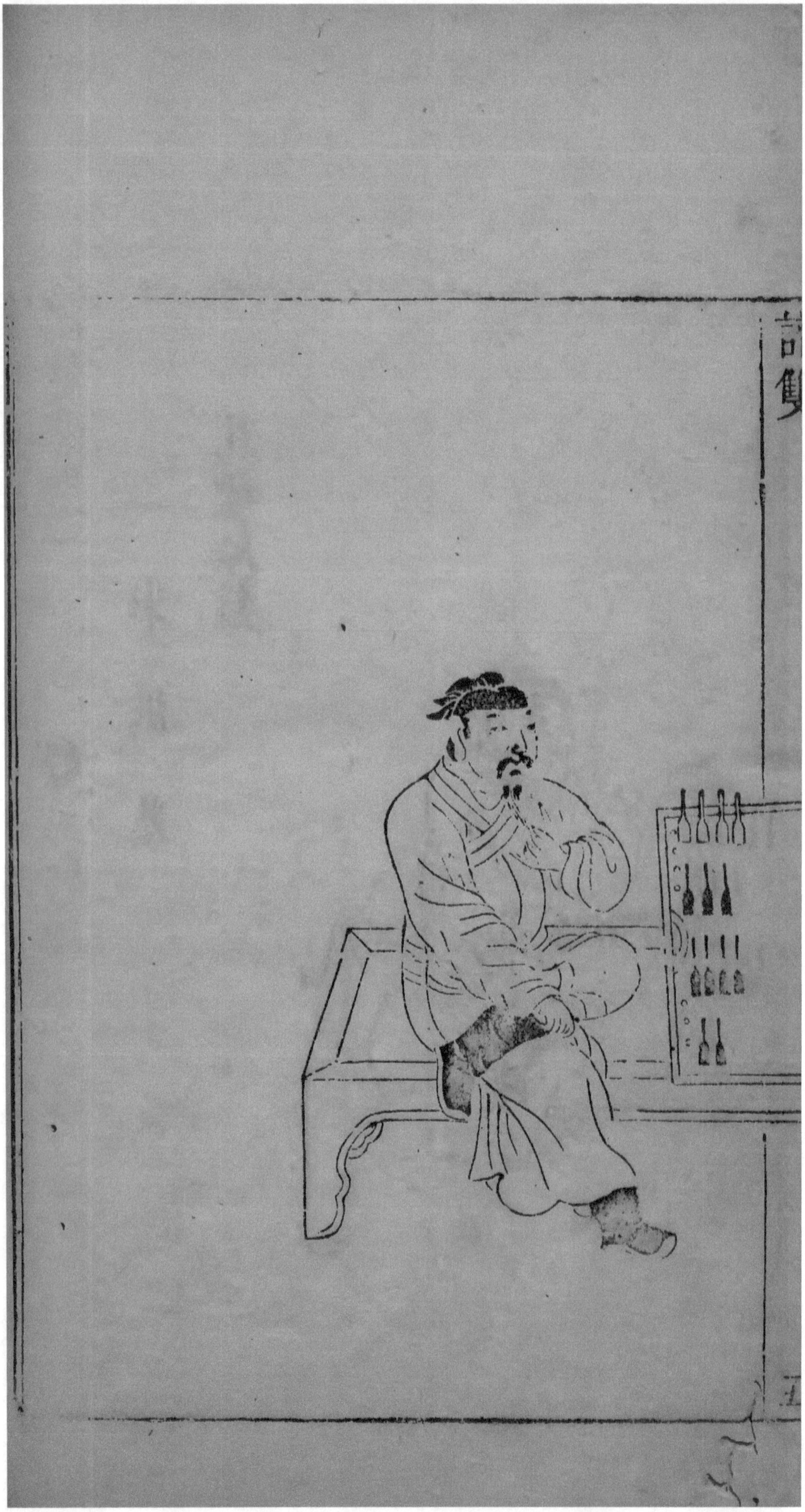

大食雙陸毯

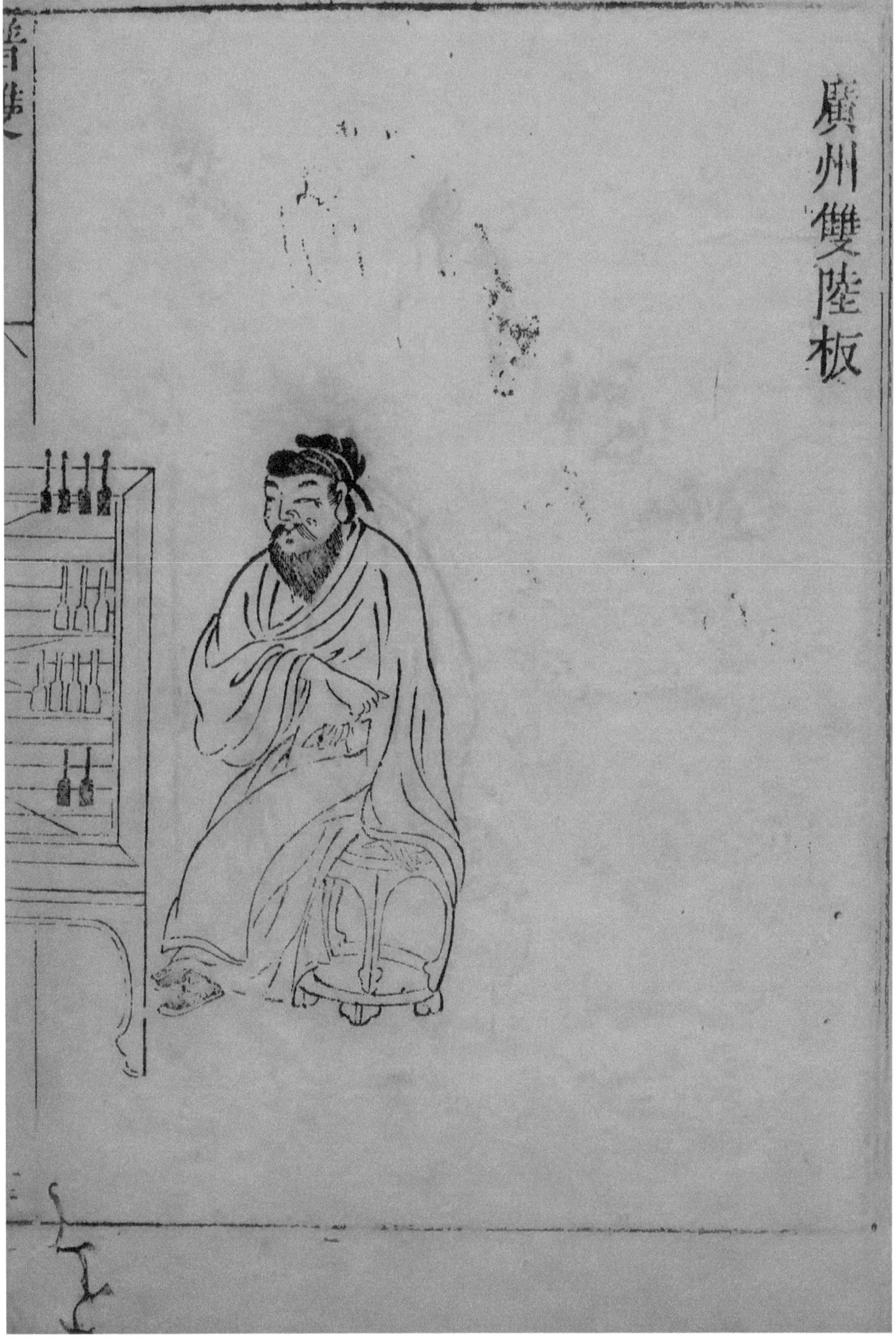

廣州雙陸板

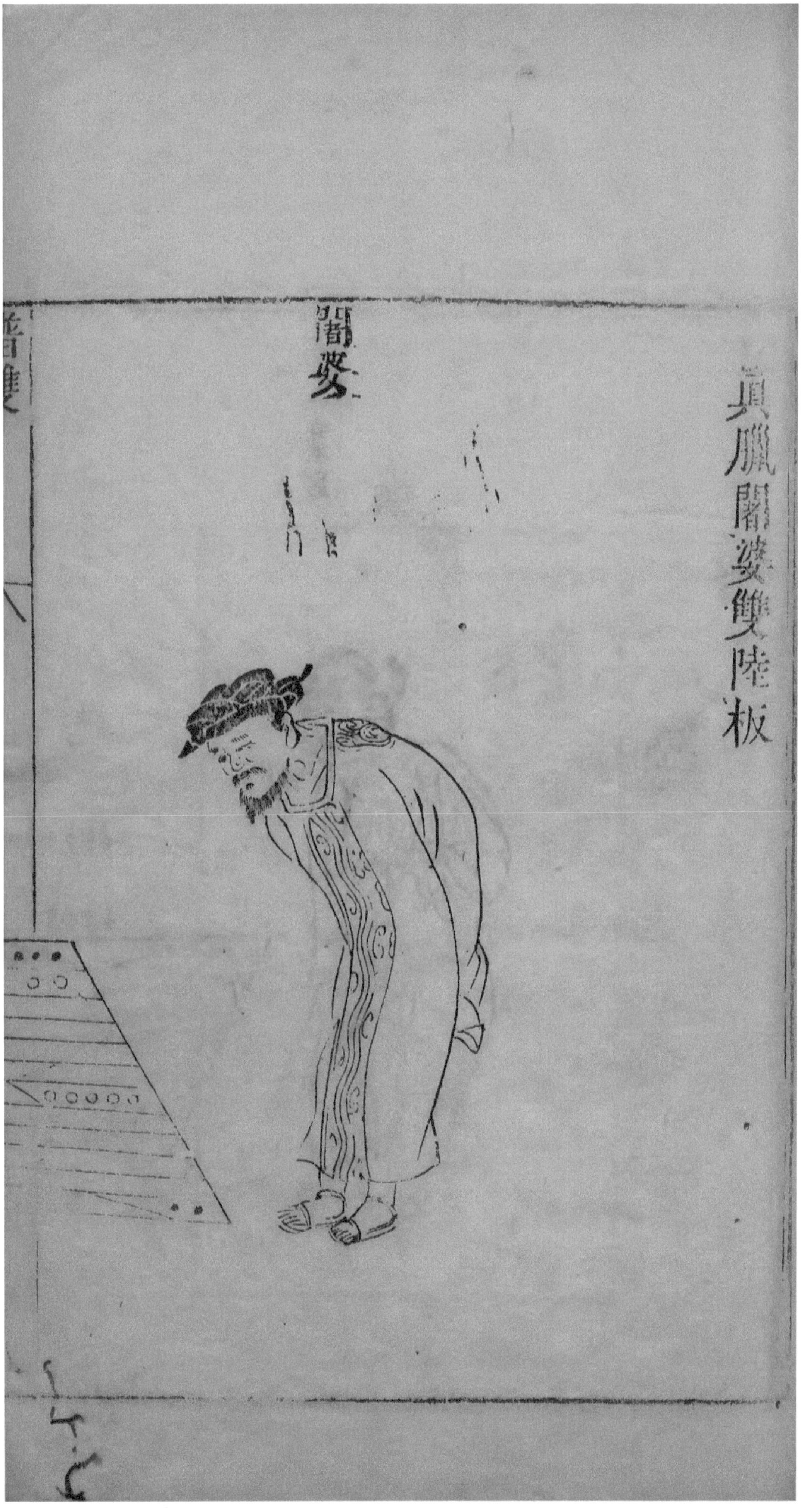

真臘闍婆雙陸板

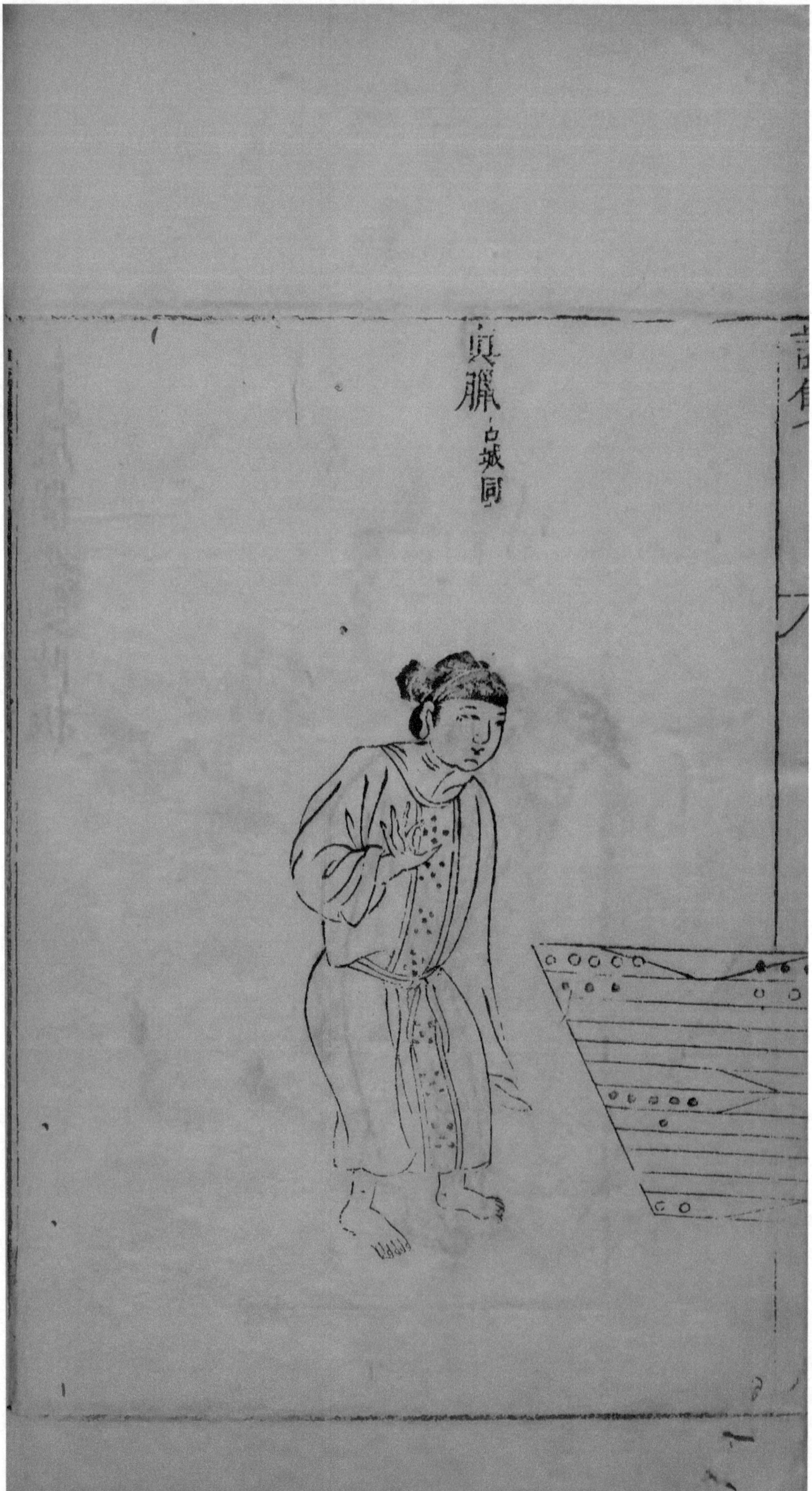
真臘
占城同

譜雙卷第二

北雙陸

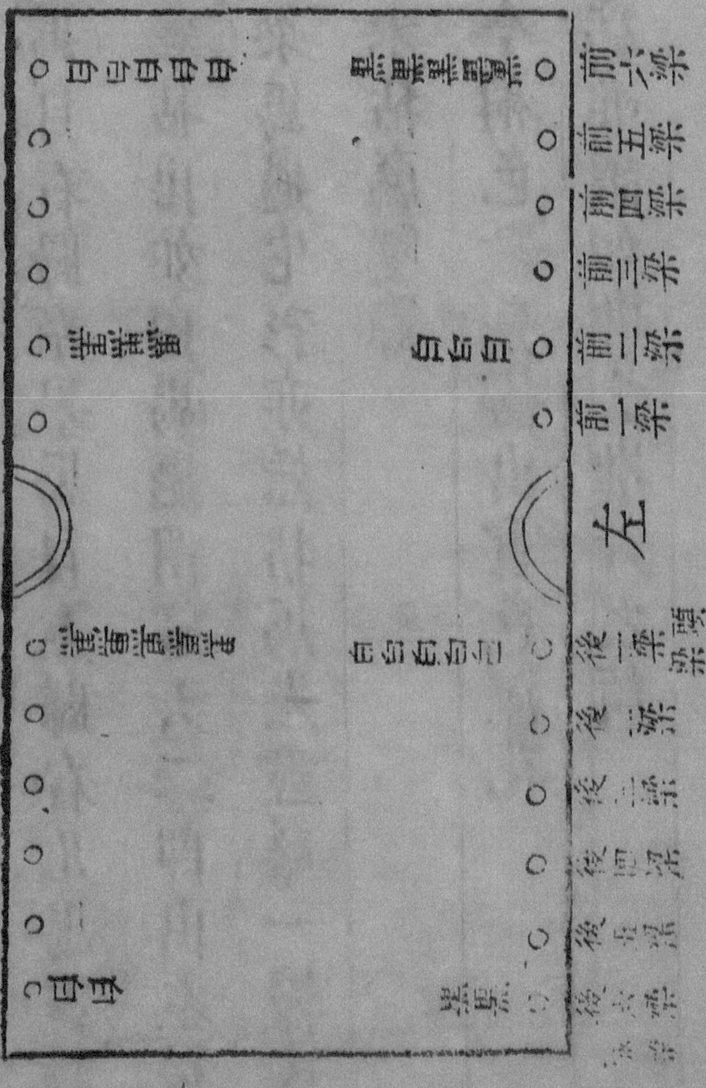
前六梁
前五梁
前四梁
前三梁
前二梁
前一梁
左
後一梁
後二梁
後三梁
後四梁
後五梁
後六梁
右

平雙陸 一名契丹雙陸

凡置局二人白墨各以十五馬爲數用骰子二據彩數下馬白馬自右歸左墨馬自左歸右凡馬盡過門後方許對彩拈出如白馬過門擲六二即出左後一梁左後五梁馬遇宅彩亦然拈馬先盡贏一籌或拈盡而敵馬未拈贏雙籌

骰子今稱色數皃擲出重色渾花俱呼爲准謂如准幺准六之類

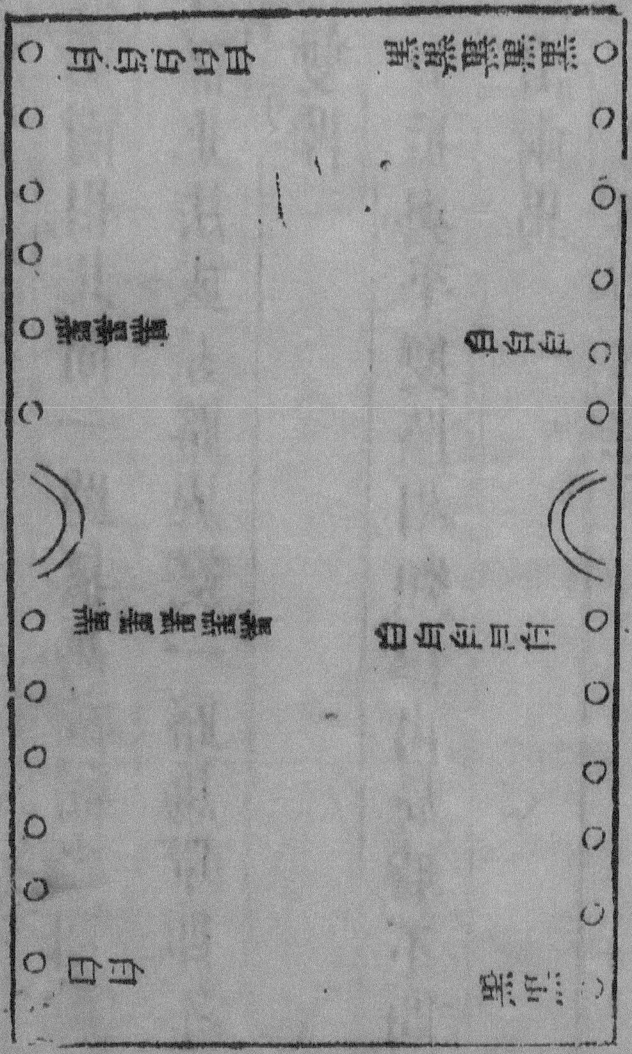

打間雙陸

下馬行馬出馬與平雙陸同凡馬十有五而十二馬歸至一邊兩兩相比間一路無馬故謂之間嬴一籌再成又勝無止法或五路成雙一路馬單即不得籌

回回雙陸

布局行馬大抵與平雙陸相類但出局時不問點色多少任意出兩馬

七梁雙陸其詳附三梁雙陸後

兩馬相比爲梁十四馬行過一邊就七路雙立故曰

七梁凡成七梁贏一籌再成又勝宅如平雙陸

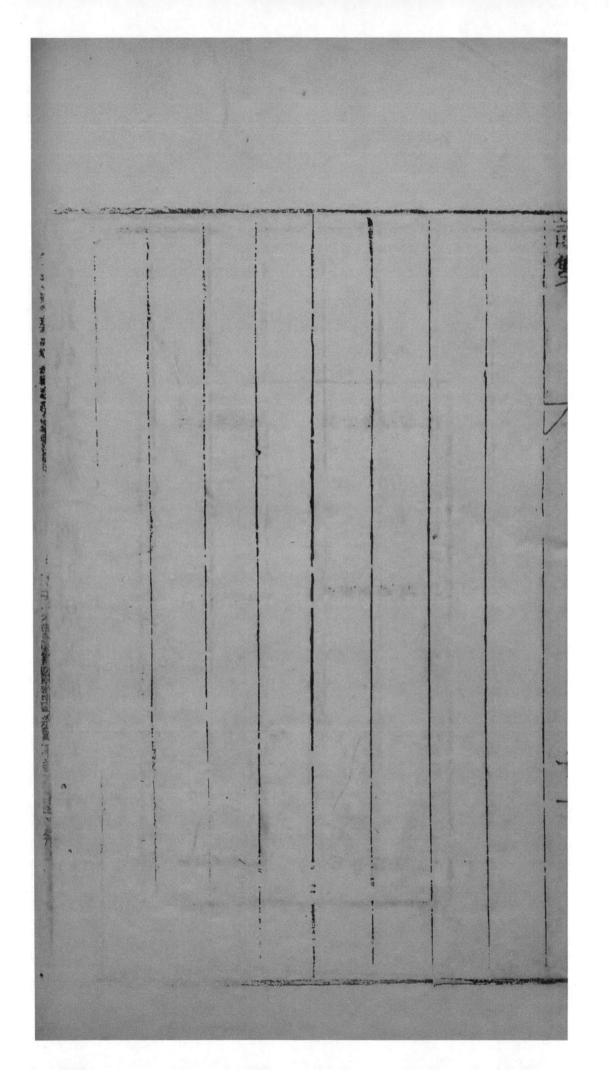

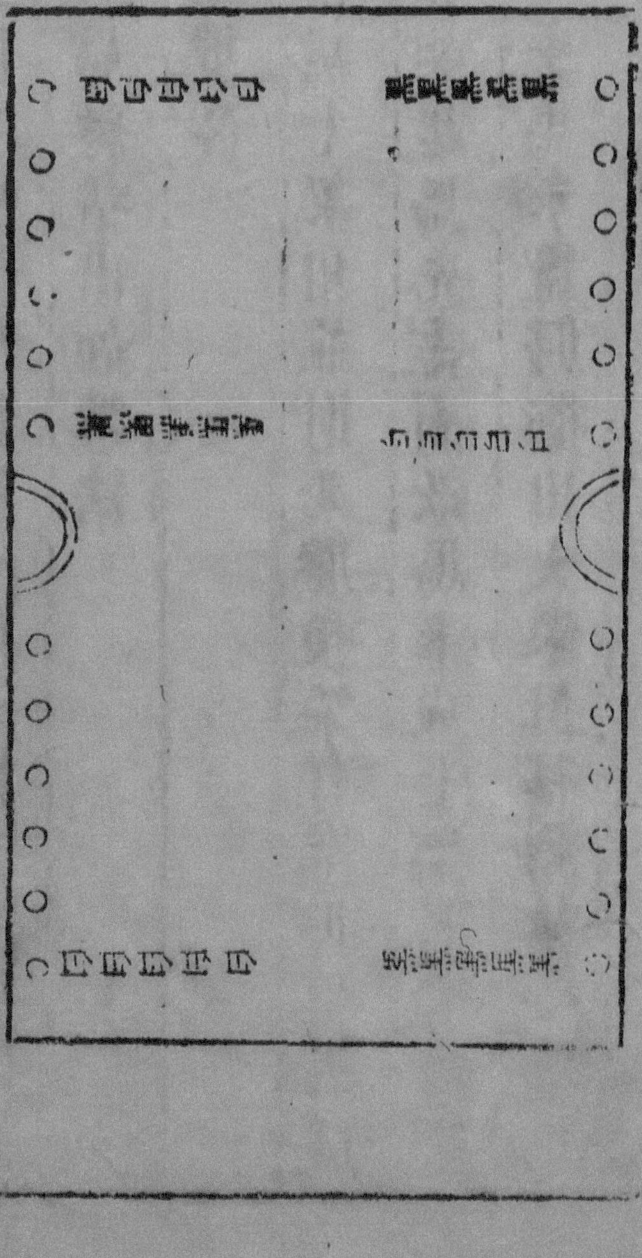

三梁雙陸 一名漢家雙陸

馬分爲三以三骰子對彩而進行兩馬或三馬併行一馬亦可局終拈出如常法

七梁雙陸

凡移馬再成七梁相並則又勝後梁有空再移馬成七梁亦勝如起馬先盡而敵馬未成七梁則勝雙籌如未成七梁馬未盡歸擲出大采但移動後一梁馬謂之搊頭輸三籌不下

譜雙卷第三

廣州

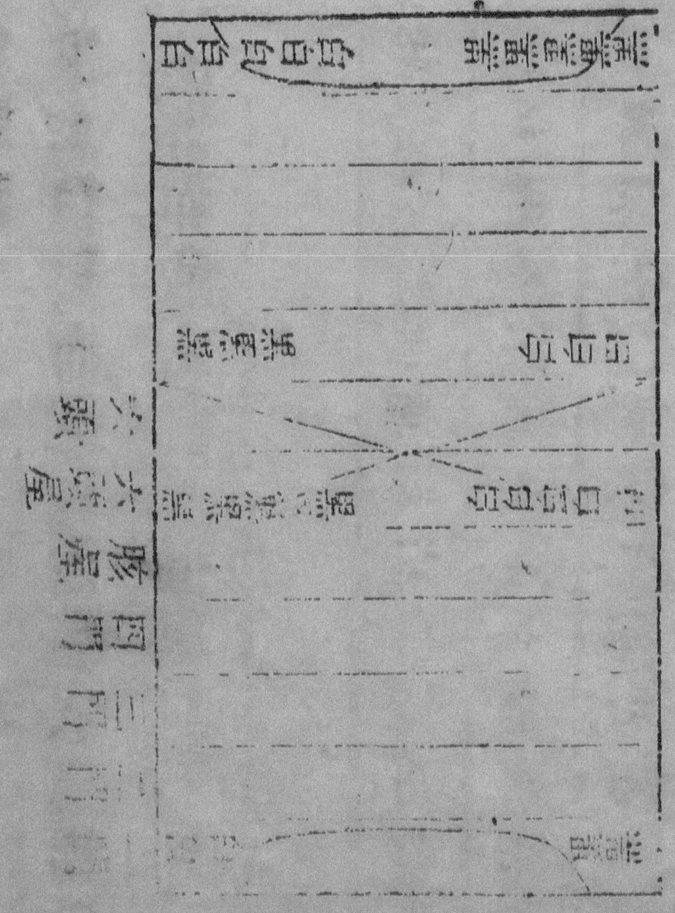

囉贏雙陸

用骰子二隨彩下馬白馬自右歸左黑馬自左歸右

番禺人多爲之南蕃亦能此行路由局如北地之一

雙陸

下囋雙陸

下馬出局與囉贏雙陸同凡遇雙彩雙幺、雙二雙三之類併移四馬如彩數謂如擲雙三則四馬皆進三路又賞一擲番禺人多爲之

不打雙陸

下馬出局如常法不用骰子寘一人於暗處喝彩皆以七爲數或二五或幺六或四三遇子不打故謂之不打雙陸番禺人能之

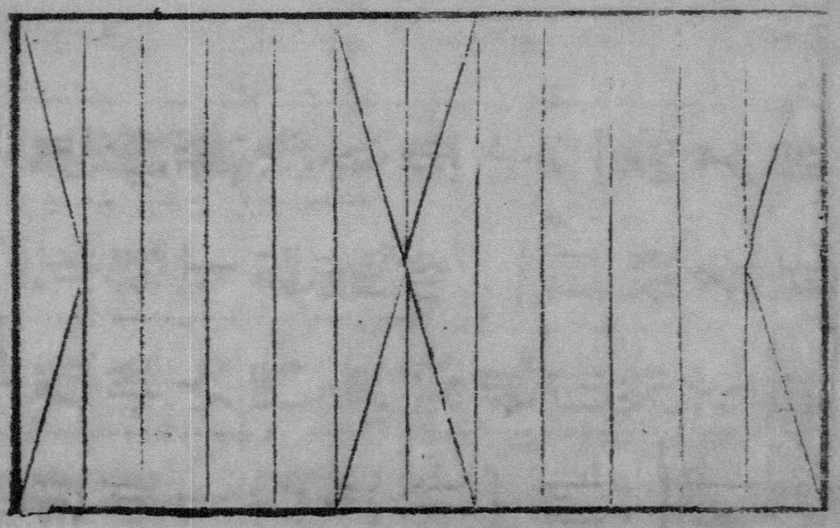
一門
二門
三門
四門
胲屋
六頭屋

佛雙陸

廣中兒輩爲之各用十二馬更不布局遇彩旋丁每一路置二馬六路置馬十二止在一門二門三門四門骰屋六頭屋不過外六門與敵馬相望不復可打或擲幺五則就一五路下馬謂如二四路各有雙馬又擲二四則不下馬得他彩方進十二馬入局是都擲彩拈出

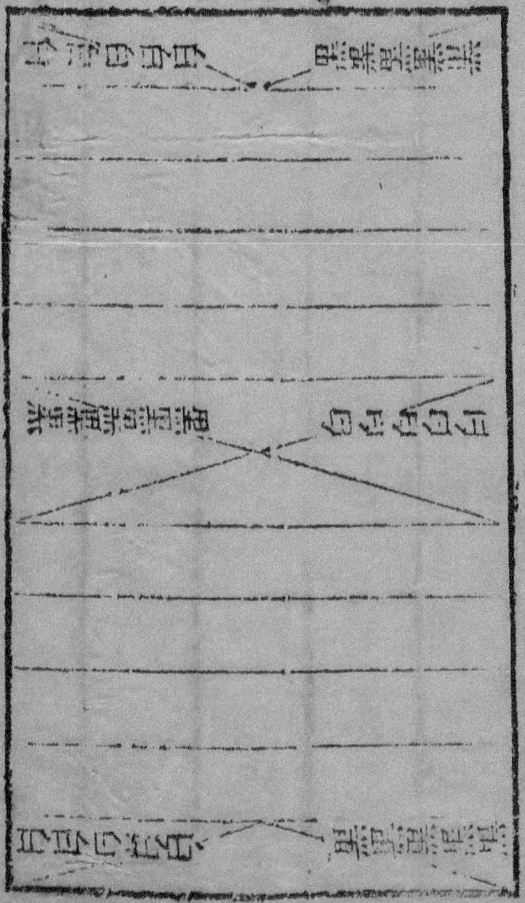

三堆雙陸

用二骰子置馬爲三處如北地之三梁雙陸進馬出局如常法番禺人能之

譜雙卷第四

南番　東夷

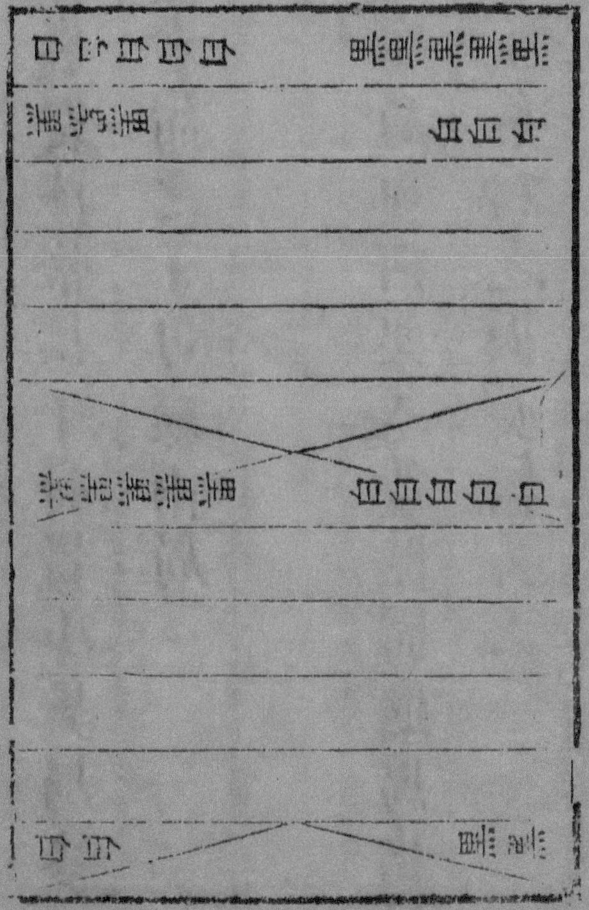

四架八雙陸

三佛齊闍婆眞臘爲之番禺人亦有能者用二骰子進馬出局如囉贏雙陸惟馬子排置小異局終三馬作一屋成五屋者謂之子匀贏兩局

南皮雙陸

南皮古城能之有局與四架八雙陸同進馬出局如常法骰子以木或角爲之而長無幺六

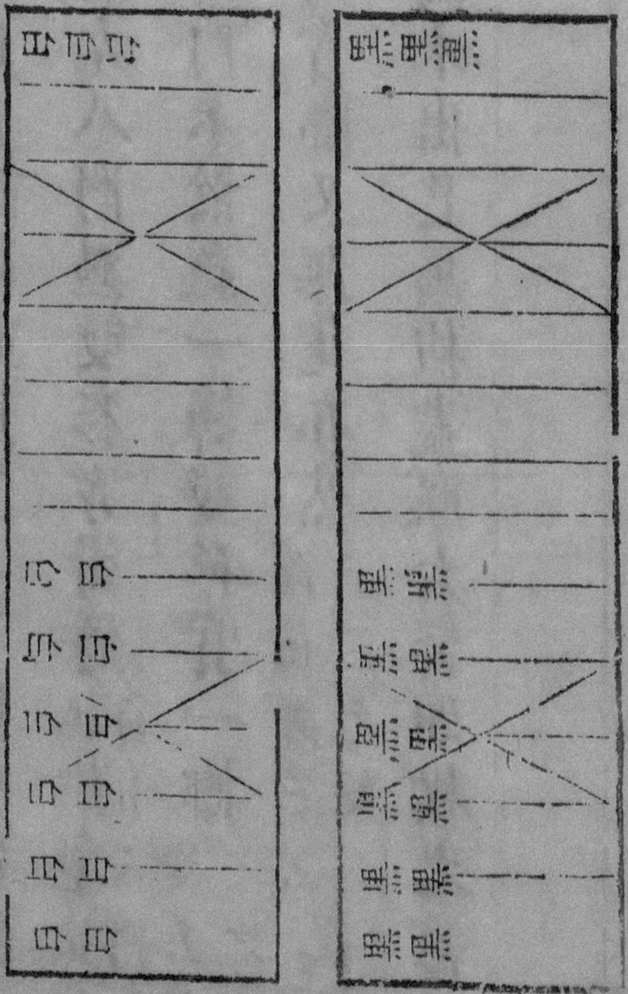
白白白
白白
白白
白白
白白
白白
白白
黑黑黑
黑黑
黑黑
黑黑
黑黑
黑黑
黑黑

大食雙陸

以氊爲局織成青地白路用三骰子馬分爲七曰馬居右黑馬居左八門遇雙彩方得過（八門謂之匹角有八門過）十五馬至外六門未散贏一籌雙彩賞一擲（雙幺雙二之類）渾花贏一籌仍賞擲又渾花亦然（渾花謂三幺三二之類）馬先出贏小籌敵馬未出巳馬拈盡贏大籌如棊之籌局也

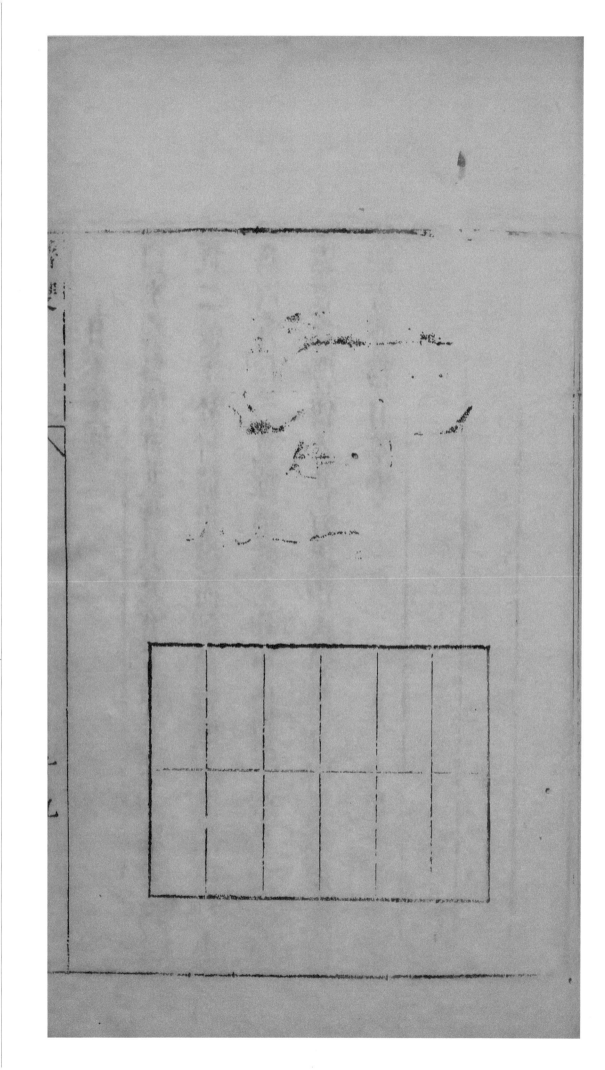

日本雙陸

白木爲盤闊可尺許長尺有五厚三寸刻其中爲路置二骰子於竹筒中撼而擲諸盤上視其采以行馬馬以青白二色琉璃爲之如中國棋子狀馬先歸一處者爲勝倭人甚好之兩人對局自朝至暮不已傍觀者亦移目不去

常局格制

雙陸率以六爲限其法左右各十二路號曰梁白黑各十五馬右前六梁左後一梁各布五馬右後六梁二馬左前二梁三馬白黑相偶用骰子二各以其彩行白馬自右歸左黑馬自左歸右或以二骰之數其行一馬或行二馬或移或疊凡馬單立則敵馬可擊兩馬相比爲一梁它馬既不得打亦不得同途凡遭打必候元入局處空位與彩相當始得下謂如第二梁空令擲

得二彩所打者未下則宅馬不得行至後六梁謂之則下

疊梁凡疊梁巳滿加打得宅馬即併馬於近下五路

凡開後一梁爲敵人地若不獲宅馬即盡移歸頭梁之内每擲視其彩粘出二馬數有餘則取不足則否彩小不取則併移歸下梁常須固兩馬不可移動動則頭破後六梁謂之末梁馬先出盡爲勝勝而他馬未歸梁或歸梁而無一馬出局則勝雙籌凡賞罰之籌唯所約無有定數

南北局例

北人以後一梁爲朘（朘音孩）前一梁爲門（前一梁與一梁相對）
朘門最緊有兩馬至朘謂之把朘拆一馬曰拆朘若
馬至門謂之把門拆一馬曰拆門後六梁謂之宮爲
歸梁曰入宮狄仁傑所謂雙陸不勝宮中無子也兩
馬相比爲梁一道不得過六馬十五馬過門欲出者
五六路上馬多則爲頭重葢五六爲大彩不常有者
擲二三不可便就大位拈馬須自頭梁移下則頭輕
易出南雙陸從頭出謂之開脚兩子相比謂之做屋
亦曰一門屋第一路曰一門二路曰二門三路曰三

門四路曰四門五路曰胲屋六路曰六頭屋總謂之內六門後六路曰外六門後第一路亦曰六頭子已出復入曰落子二子相比曰縛謂如四路上有馬再有馬來即曰縛四進一步曰上自出曰喫子十子作一處亦可南人對局已見敗證則頻打不許成屋謂之合碎合碎猶言翻局也三佛齊闍婆占城曰質犁眞臘曰涉

事始

雙陸劉存馮鑑皆云魏曹植始製考之北史胡王之弟爲握槊之戲近入中國又考之竺貝雙陸出天竺

名爲波羅塞戲然則外國有此戲久矣其流入中州則曹植始之也唐王績集云鬭彩曹王之局謂此也

盤馬

北雙陸盤如棊盤之半而長兩門二十四路皆刻出用象牙實之以渤海䅹木爲重𥁕不假施漆而塵垢不能侵或以花石砌飾以木承之以白木爲白馬烏木爲黑馬富者以犀象爲之馬底圓平而殺其上長三寸二分上徑四分下徑寸一分大抵如今人家所用擣衣椎狀番禺人以板爲局布黑道而漆之或以

紙或畫地爲之以黄楊木爲白子桄榔木爲黑子底平柄短如截柿如浮屠形三佛齊闍婆占城眞臘南皮以花梨木爲板刀劃成路多席地置板其上蕃王則板下以銅爲簀如響板然指子時鏘然有聲以爲樂以象牙爲白子烏梅木爲黑子或以紅牙爲黑子大食國以毯織成局白黑子與諸國同

骰子

三佛齊闍婆眞臘大食以木爲骰子六面南皮占城以烏木或角爲之長二寸許無么六三佛齊闍婆占

擲骰子曰胡纏幺曰薩二曰塗打三曰帝御四曰諳五曰班澤六曰喃貢朧骰子曰撒家幺曰校二曰枚呲三曰琳四曰不琳呲五曰班六曰辛大食幺曰亦二曰塗打三曰栖打四曰察打五曰班打六曰失打

賭賽

北人以金銀奴婢羊馬爲博以所獲男女或買貧者到八謂之奴婢以杯酒勝負不問局數多者以十五籌爲率先滿者勝少至十籌或七八籌皆臨局計議技高者饒一籌

或三四籌亦有明瓊未投先牽角頭歸第三梁謂之牽三梁仍許先擲者看人以百緡至三二百緡約以三局下至十緡貧者三數鐶至數十金高者饒一子先歸一點一路進至六點或饒先擲三佛齊闍婆眞獵南皮占城以金銀或千緡以三五局爲率大食國以其國所用金錢爲博錢面文作象形

名稱

北人打雙陸曰打雙盤曰雙盤馬曰雙馬番禺打雙陸曰打雙陸盤曰雙陸板馬曰雙陸子三佛齊闍婆

姑城打雙陸曰巴僧板曰巴板馬曰姑茶一局曰薩
板負臘打雙陸曰除地板曰葛馬曰塞姑則切一局曰
枚大食打雙陸曰吧咃下音齊板曰毬馬曰握一局曰
亦：

雜記

北雙有五曰平雙陸曰三梁曰七梁曰打間曰回回
平雙陸易北人多能之三梁雙陸難能者什一而已
打間合而言之曰梁間燕之茶肆多置局或五
或六多至十餘博者出錢以僦局如中州郎肆置棋

具也漢人契丹戶置雙盤馬行亦令從者挾以出骰子入合撥中合撥華言皮篋番鵲雙陸名有五曰下噴曰三推曰囉贏曰不打曰佛雙陸下噴三堆攤囉贏不打易佛雙陸止孺兒為之凡閭閻皂隸輩皆能此戲士大夫則否端康連惠四州亦頗有能者南蕃名有三曰四架八曰南皮曰大食惟四架八番禺人能之

六博譜

歙　潘之恒

敘曰排者聚六子於盤從而横之以成排也分擲六色爲散聯而二之三而排之而譜成語曰獄笑不及排故有呼散爲喜色目排爲悶埸宜豪爽者見噱而沉思者重有寄也

譜目

宣和譜

合歡譜

除紅譜

鬪腰譜

雙成譜

投瓊譜

二二六

宣和譜

宣和譜宋徽宗時宮中之戲也流傳人間久矣第三五六一牌舊譜失載人遂罕有知者唯吳下花園令猶用之

又今滿盤者元人舊有此名蓋衆多益寡而純其數者也吳中初傳爲合搭鑾執鑾者必六詩云六轡如組組以成文義取諸此然名非雅馴不若仍舊之爲當其法四同之外以二合之數分而計之以取盈焉

又六色中有聚六之令俗云捉六兩人分骰相角以大取小小者窮則購以弁於六盡六而罷亦骰法之嚴者與下醉六義相證余更名曰逐鹿言必獲而後已也

合歡譜

合歡譜近時袁舜臣所擬色用五者五數之中也大都取合色者酒以合歡不合不可以酬酢也故數之所闕即以斷絕之例賞之數之所合即合而成勝有古一馬從二馬之義焉

舊傳五色有醉六之令亦因角牴乃可用之其法取三同外二色聯者較點勝則一賞雙則二賞合則三賞四色則四賞純則五賞所擲之人見一六則罰一籌在勝者亦與負者對飲負則加負此尤

僅見稱快者可備骰令之一

貫之數之所合即合石之

合不可以兩骰也

除紅譜

除紅譜蓋楊擬舉廉夫當元季之亂避兵吳下與二三游好妓小蓉瓊花等日賭除紅其負者駝妓鞋觴之謂除紅者除四紅言之也數之前後皆八自九點進至十二點爲賽色自十三點而上至十七點爲勝八點而下至四點爲負各五色十八點爲大勝三點爲大負今博徒率用之或曰宋天宮冢宰朱河所作也故俗訛爲豬窩云

鬭腰譜

鬭腰譜作者藏其名稱登瀛子云色三爲粲故色之數起於三以成對者亘其首尾而所餘一色間其中爲腰象焉凡勝者腰皆麄也凡敗者腰皆細也總之則四五六皆麄么二三皆細也麄者成排而細者廢不用

今俗有豹子今用純色爲豹四五六爲豹首么二三爲豹尾外句者爲雄豹內句者爲半豹外句如一四一六一二小句盤是內句如兩么一四兩二

一五是也首擊則尾從勺穠則削峻矣此可補角
牴之一喙耳又喜相逢以純色爲大相逢合色爲
小相逢亦可備博戲一班

雙成譜

雙成譜相傳以爲丁諷所作諷以好色病廢常令兩女妓掖侍見客於堂中益亡賴求妙年殊質不已每讌飲輒令女妓博色覓對先得對者爲勝即令侍寢故遂名雙成云

投瓊譜

投瓊譜投瓊者猶之射的也皇甫嵩性嗜酒作醉鄉日月條刺飲事十三篇自謂酒史董狐毋與客飲輒投色令覆射不中即浮以大白如其色數客不勝飲者輒逃去嵩亦不顧笑謂客曰此飲中趣豈容俗物知也

除紅譜

元　楊維楨

古之君子凡有所撰造必係以姓氏使後世知所起也晉阮咸氏嘗作月琴世遂謂之阮咸猪窩者朱河所撰也後世訛其音不務察其本始謂之猪窩者非也朱河字天明宋大儒朱光庭之裔南渡時始遷建業遂世家焉河少有才望落魄不羈仕至天官冢宰此書世傳河所作本名除紅譜除紅者以除四紅言之也或乃謂三幺一矛爲猪窩又謂之猪婆龍夫三

幺者本所謂快活三也於諸采中爲罰采之最爲有以是目其書者乎且名不雅馴君子醜之緫之除紅者近是夫除紅例以四色覩法於主耦方圍四也一紅爲主而餘三爲客取象於徑一圍三也數之前後皆八而惟以十爲中自八以退不及也而罰有差十二以進有餘者也而賞有差九之十二則多寡勝負相角而成其發明四時盈縮人事怠勤章矣其所表見皆不妄設予既多家牢此意論次其大旨詳著於篇而作除紅譜序時洪武元年三月上巳日

擲法開列於左計一十一則

一凡擲色之始先以一色相賽其得四紅者先擲餘色次之如三人擲色一人先得四紅者其二人復賽如前無紅者獨後四五人以上倣此

一凡除紅用四骰子擲之以四紅爲主除一四紅但以餘三色計之自八點以下皆爲罰色十三點以上皆爲賞色俱不必賽自九點以至十二點除柳葉兒十二時兩色之外俱爲賽色

一凡擲出雙紅者除紅葉節節高之外俱爲强紅不

用四色中如無四紅者除渾花素葉之外俱爲散
色不用
一凡賞色在手仍即自擲如擲出賽色方許下次人
賽擲出强紅散色等項方許下次人擲如屢見賞
色則雖常擲不妨
一凡賽色須記先擲者點數必待賽出賞罰色方止
散色强紅不論
一凡賽色少一點者謂之蹋脚罰三帖如賽出各等
罰色三帖以下者依本帖罰之復加一帖四帖以

上但依本帖罰之不必加罰
一凡賽色相同點數者謂之趕上賞一帖如賽人九點而自擲柳葉兒者罰四帖敵者仍罰趕上一帖
一凡賽色多一點者謂之壓倒賞二帖如賽出各等賞色三帖以下者依本帖賞之復加一帖四帖以上者但依本帖賞之不必加賞
一凡賽色多二點三點者止賞一帖少二點三點者止罰一帖
一凡擲色或三人或五人或從左逆行或從右順行

次第循環須先議定毋得臨期紊亂如有應擲而

不擲者罰三帖與下次人及有未擲而先擲者罰

五帖與上次人

一凡賭色行酒其賞罰帖數照例施行如賞一帖者

自飲一杯餘倣此

標目六十二條

渾花計六采

渾四為滿園春賞六帖

一渾六為混江龍賞五帖

渾五爲碧牡丹賞五帖

渾三爲鴈行兒賞五帖

渾二爲拍板兒賞五帖

渾幺爲滿盆星賞五帖

三紅計五采

三紅一幺爲花心動賞五帖

三紅一二爲蝶戀花賞四帖

三紅一三爲紅衫兒賞四帖

三紅一五爲錦上花賞四帖

三紅一六爲銷金帳賞四帖

雙紅計六采

雙紅雙么

雙紅雙二

雙紅雙三

雙紅雙五

雙紅雙六爲紅葉兒俱賞三帖

雙紅五六爲節節高賞三帖

對子計十采

雙幺雙二

雙幺雙三

雙幺雙五

雙幺雙六

雙二雙三

雙二雙五

雙二雙六

雙三雙五

雙三雙六

雙五雙六爲素葉兒俱賞二帖

十八點止一采

六六六爲得勝令賞五帖

十七點止一采

五六六爲皂羅袍賞二帖

十六點止一采

五五六爲雪兒梅賞一帖

十五點計二采

五五五爲永團圓賞一帖

三六六爲皂鵰旗賞一帖

十四點計二采

三五六爲穿花鳳賞一帖

二六六爲鐵道冠賞一帖

十三點計三采

二五六爲埜雞頭賞三帖

幺六六爲黠絳脣賞二帖

三五五爲鳳歸雲賞二帖

十二點計三采

二五五爲十二時賞四帖

三三六爲鷓鴣天賽色

么五六爲巫山一段雲賽色

十一點計三采

三三五爲鵲踏枝賽色

么五五爲梅梢月賽色

二三六爲畫眉不盡賽色

十點計三采

二二六爲夾十兒賽色

么三六爲撮十兒賽色

二三五爲落梅花賽色

九點計四采

三三三爲柳葉兒罰四帖

么二六爲女冠子賽色

么三五爲一剪梅賽色

二二五爲鎖南枝賽色

八點計三采

么二五爲鎖頂八罰三帖

幺幺六爲睜眼八罰二帖

二三三爲鴈兒八罰二帖

七點計三采

幺三三爲川七兒罰一帖

幺幺五爲白七兒罰一帖

二三三爲夾七兒罰一帖

六點計二采

幺二三爲耍孩兒罰三帖

一二二爲粉蝶兒罰一帖

五點計二采

么二二爲五供養罰一帖

么么三爲葫蘆兒罰一帖

四點計一采

么么二爲咬牙四罰三帖

三點計一采

么么么爲快活三罰五帖

除紅圖

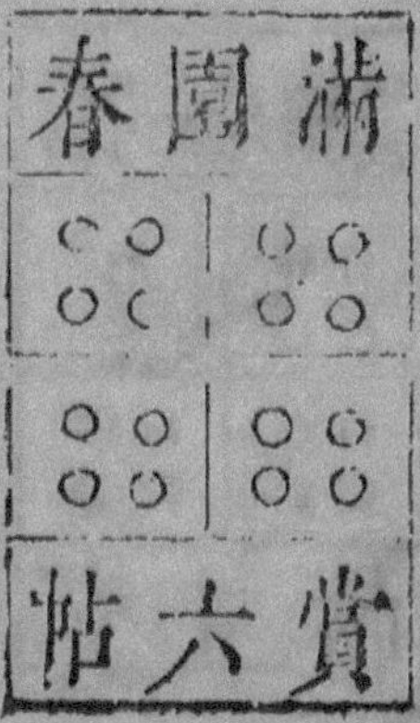

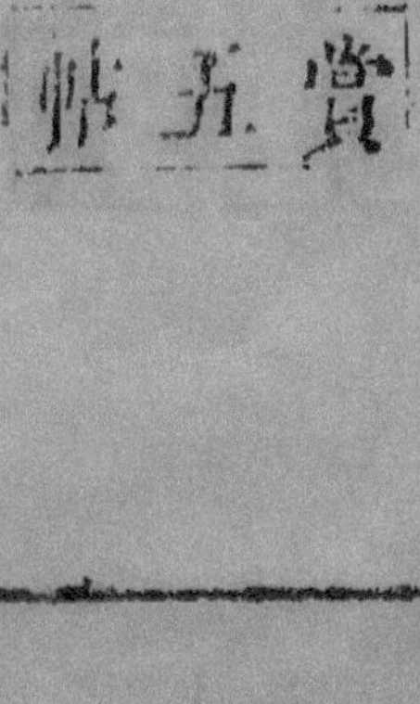

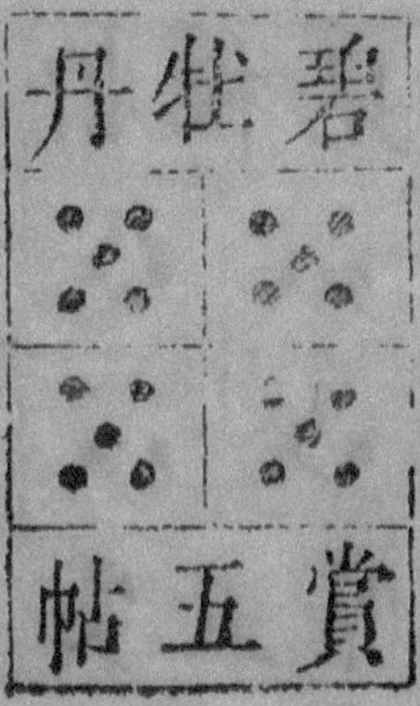

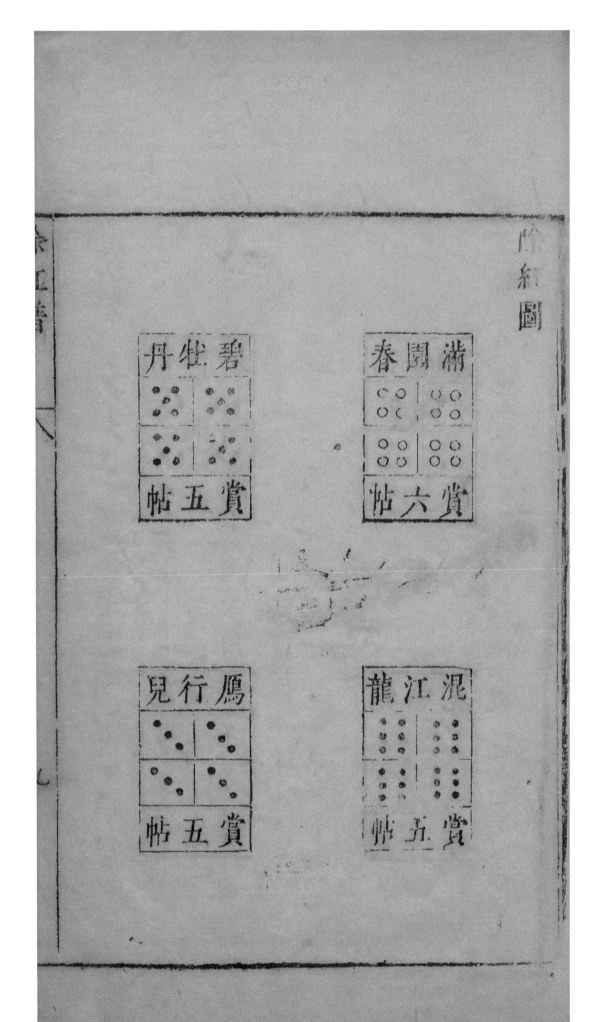

拍板兒

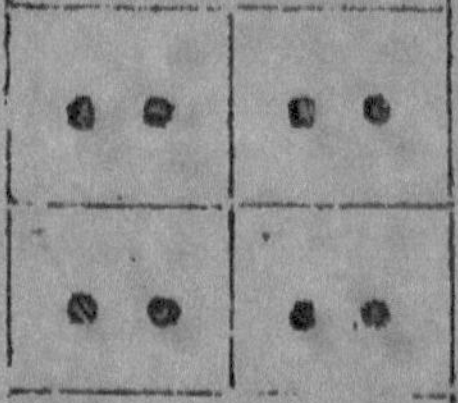

賞五帖

花心動

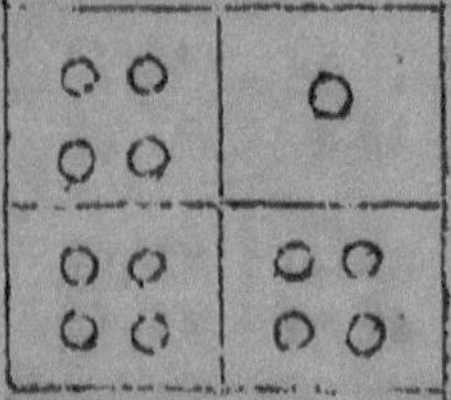

賞五帖

滿盆星

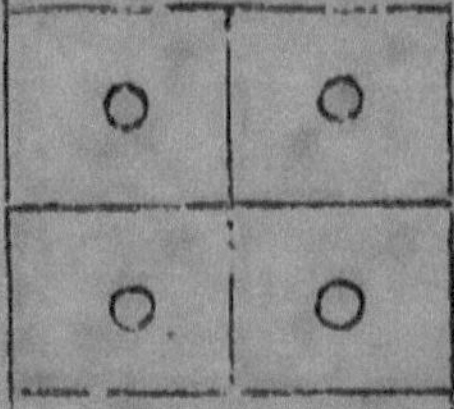

賞五帖

蝶戀花

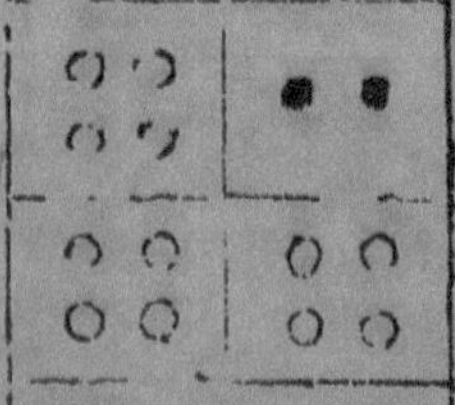

賞四帖

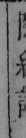

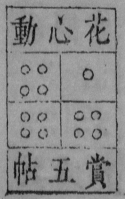

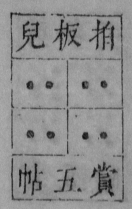

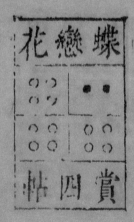

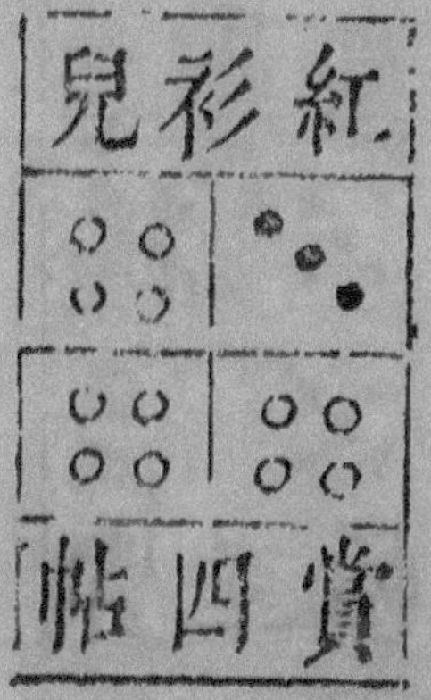
紅衫兒
賞四帖

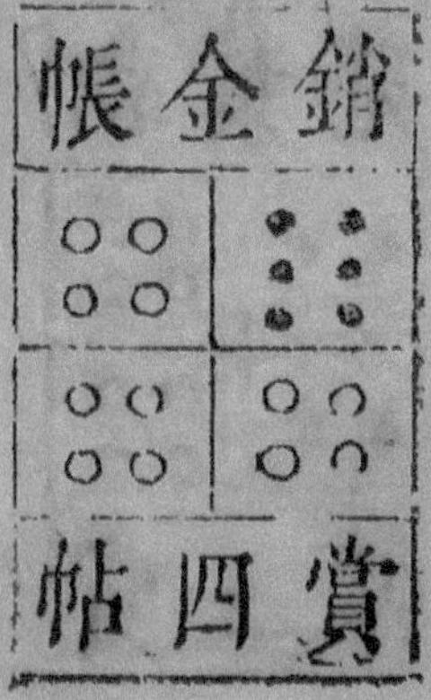
銷金帳
賞四帖

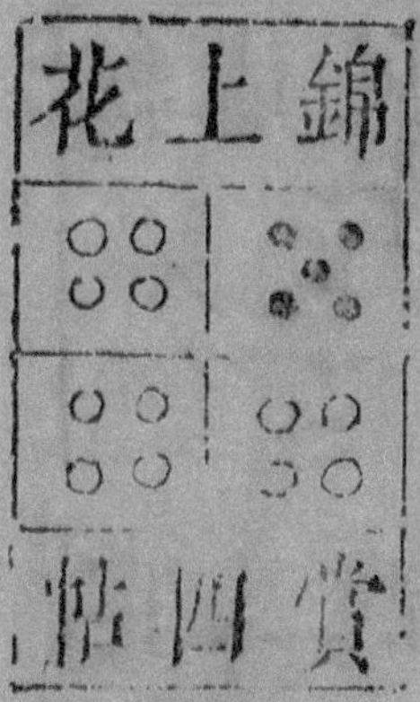
錦上花
賞四帖

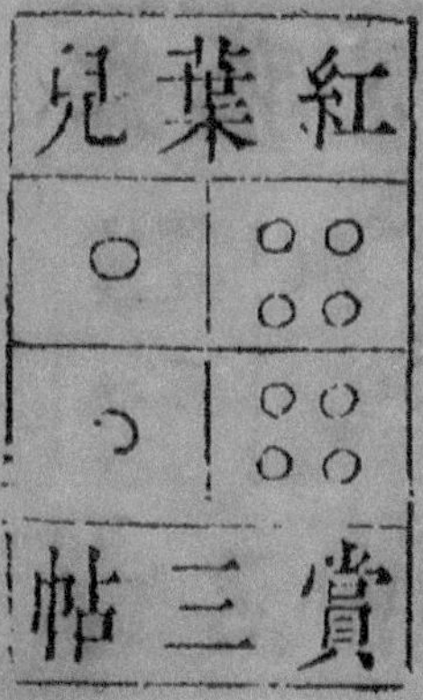
紅葉兒
賞三帖

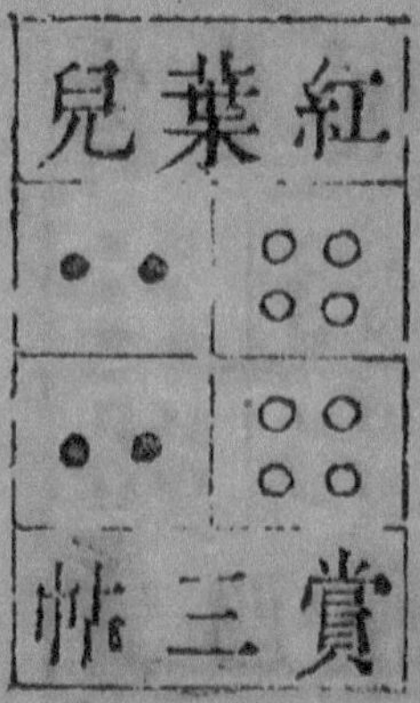
紅葉兒
賞三帖

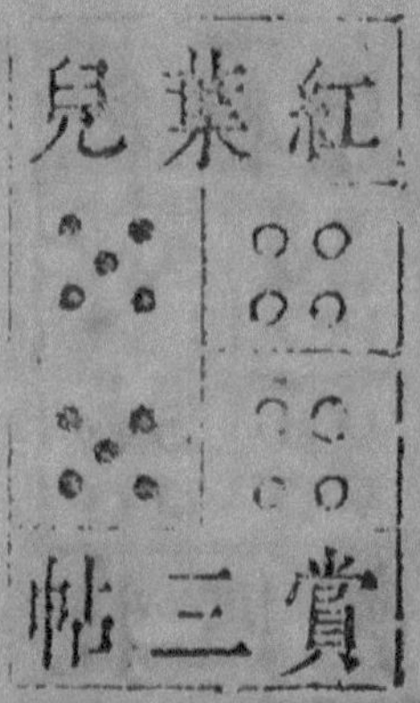
紅葉兒
賞三帖

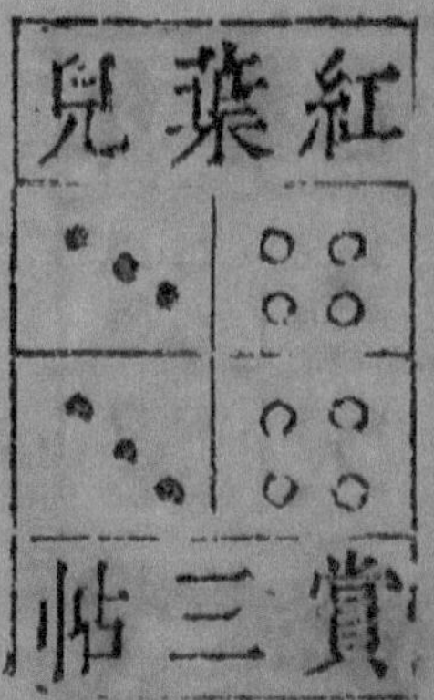
紅葉兒
賞三帖

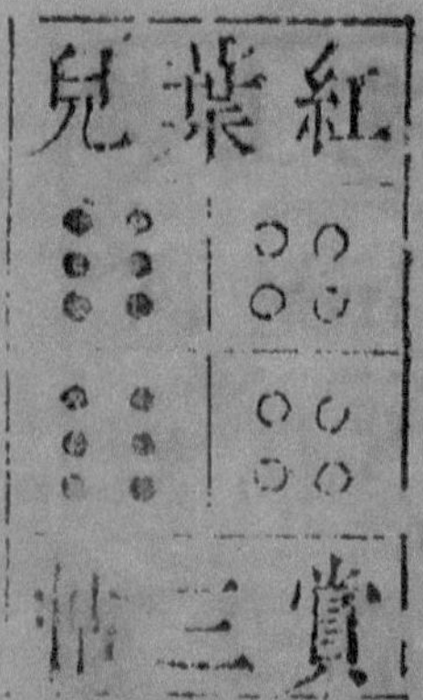
紅葉兒
賞三帖

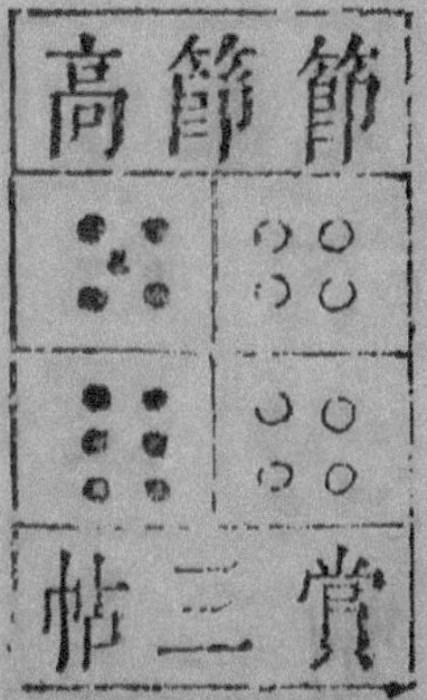
節節高
賞二帖

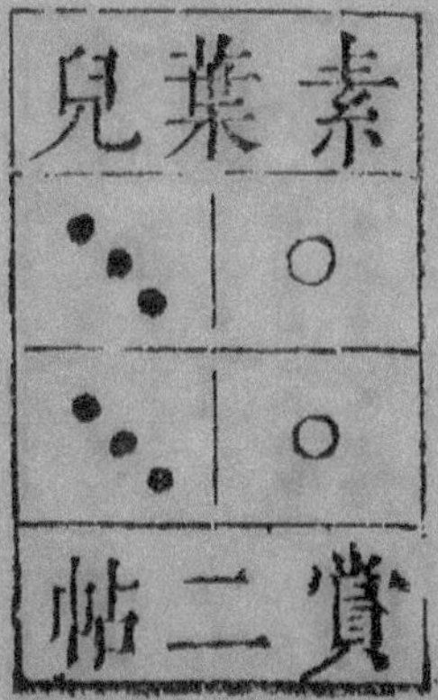
素葉兒
賞二帖

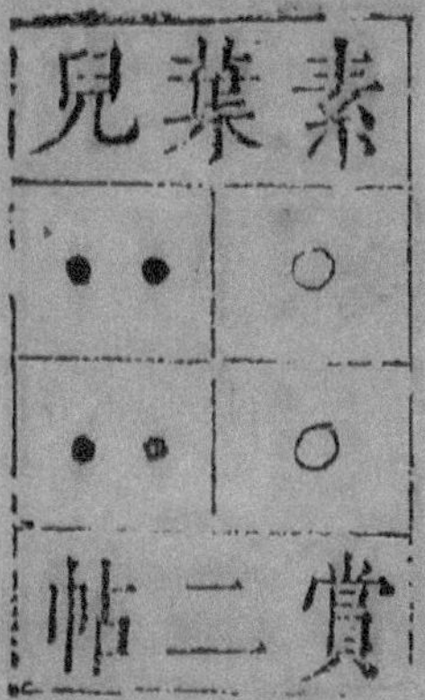
素葉兒
賞二帖

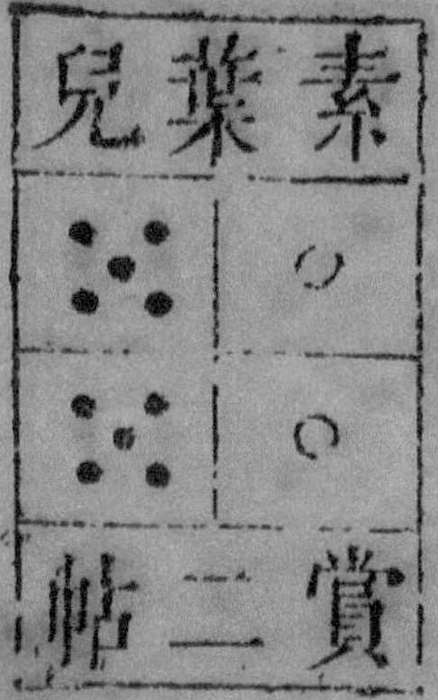
素葉兒
賞二帖

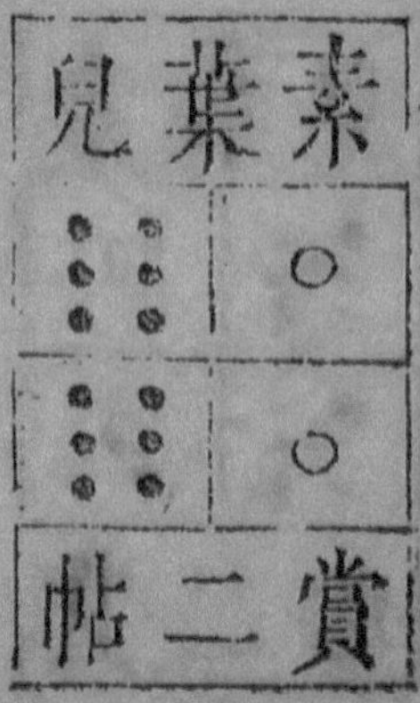
素葉兒
賞二帖

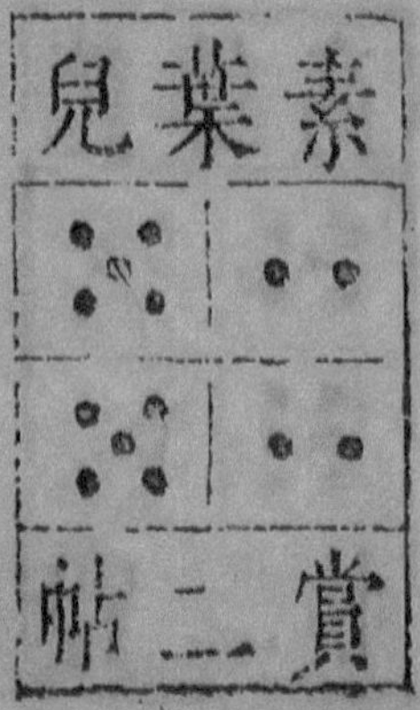
素葉兒
賞二帖

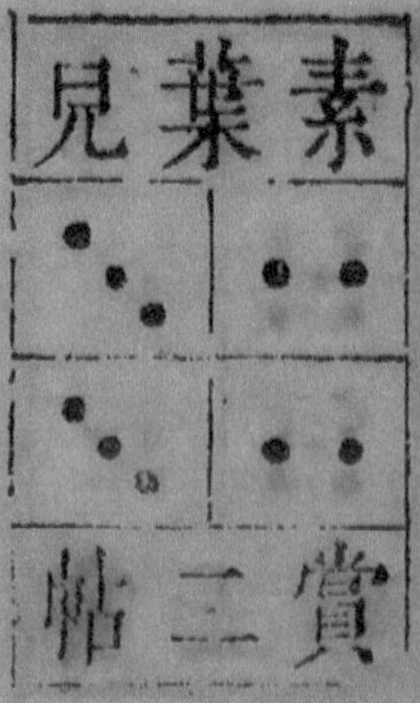
素葉兒
賞二帖

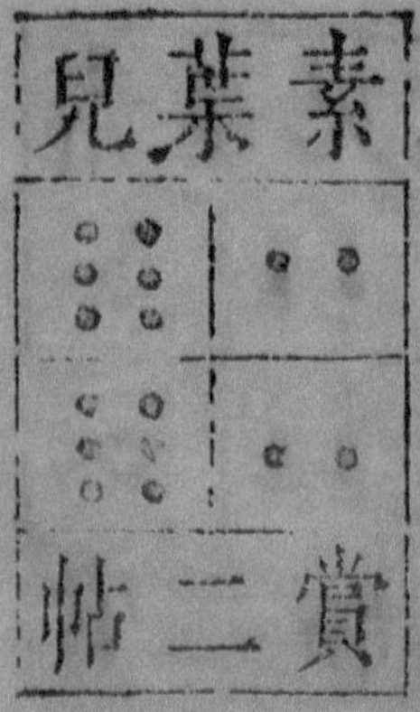
素葉兒
賞二帖

素葉兒

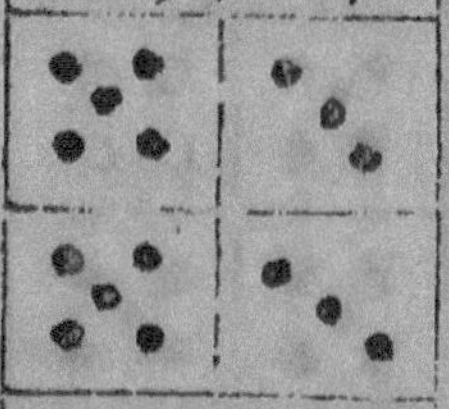

賞二帖

素葉兒

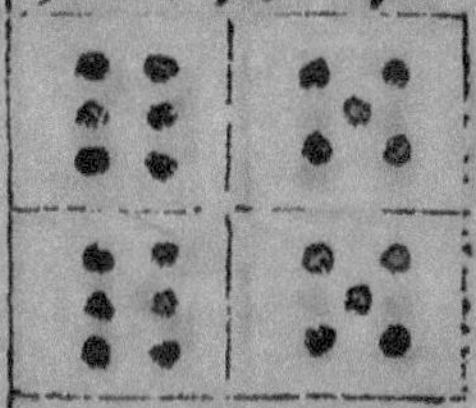

賞二帖

素葉兒

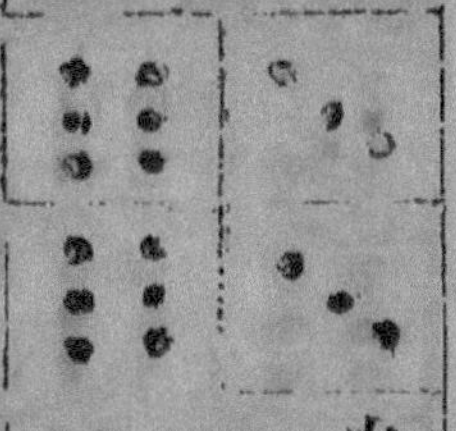

賞二帖

得勝令

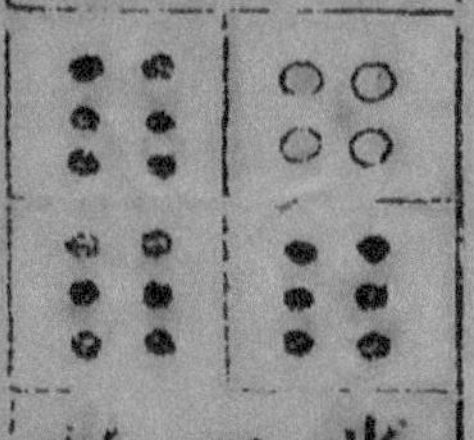

賞五帖

皂羅袍

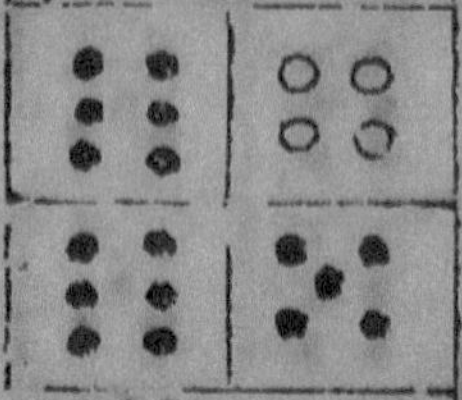

賞三帖

永團圓

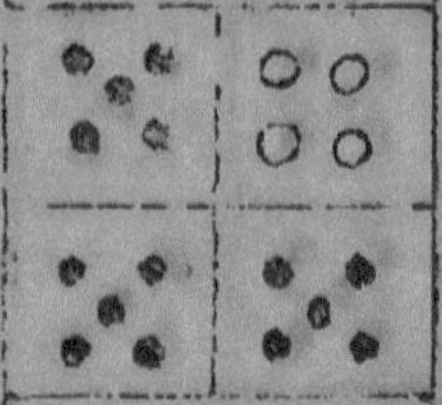

賞一帖

雪兒梅

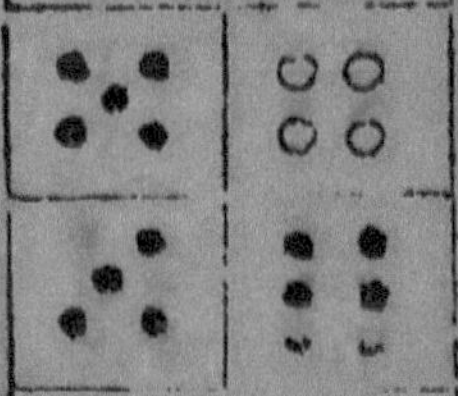

賞五帖

皂鵰旗

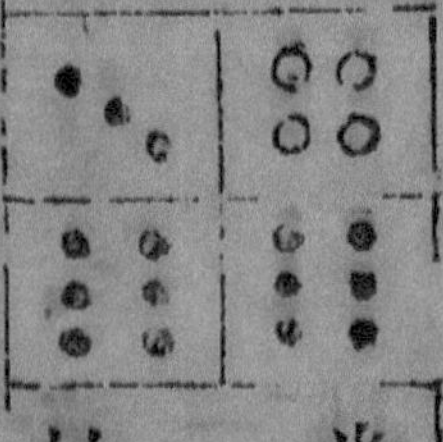

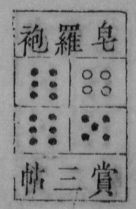

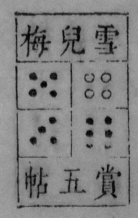

賞一帖

穿花鳳

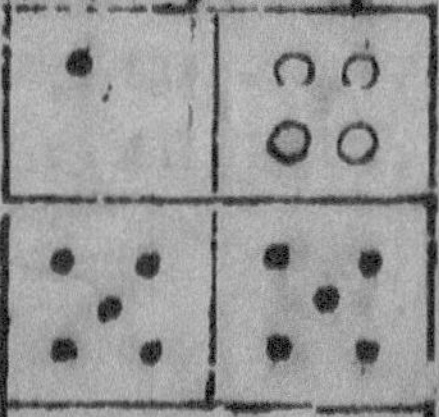

賞一帖

鐵道冠

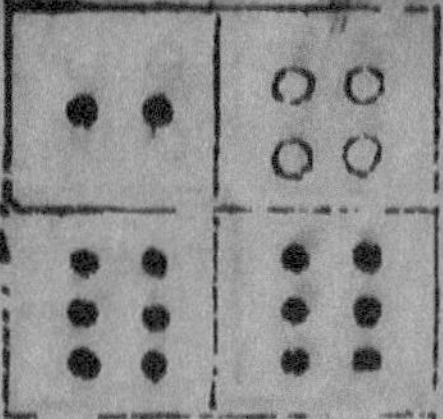

賞一帖

野鷄頭

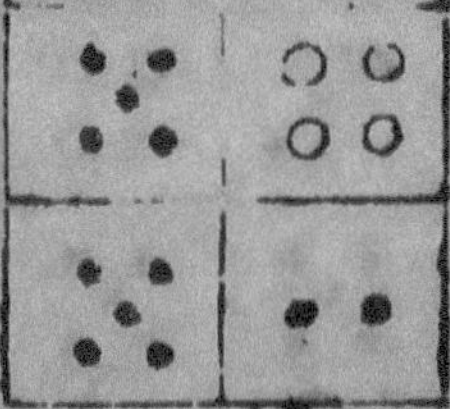

賞三帖

點絳唇

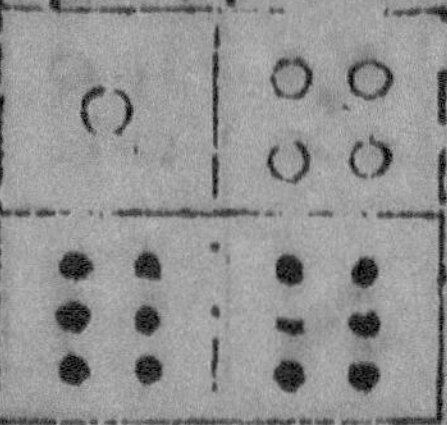

賞三帖

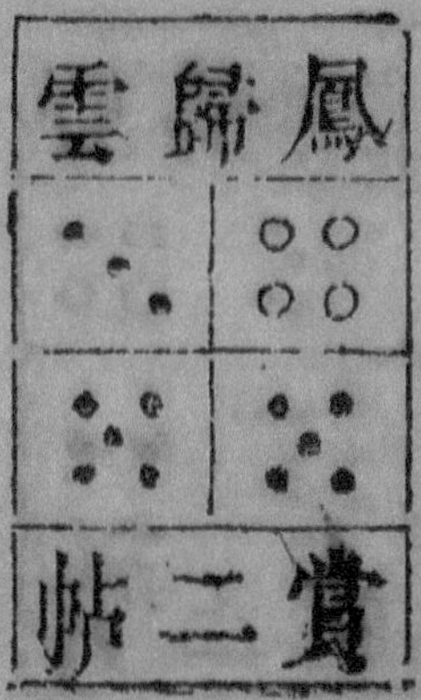
鳳歸雲
賞二帖

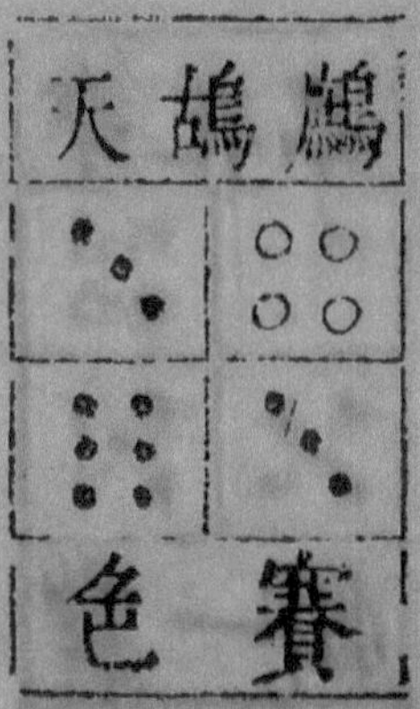
鴻鵠天
賽色

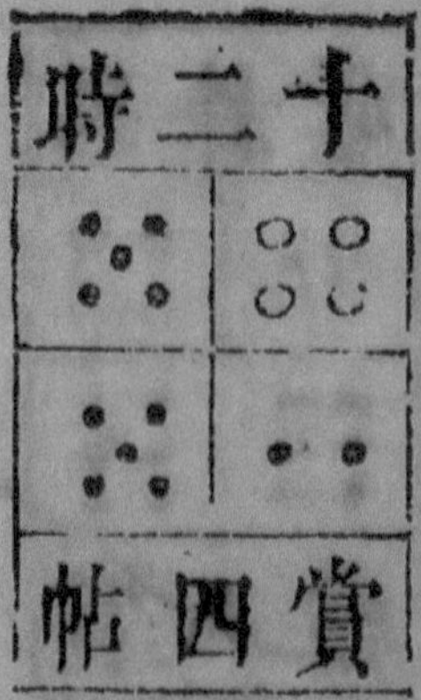
十二時
賞四帖

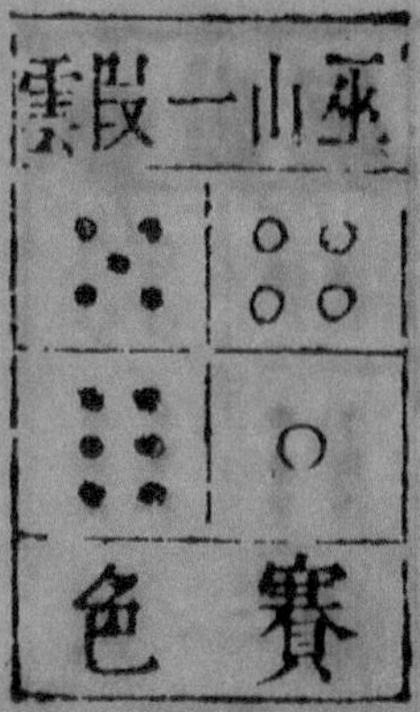
巫山一段雲
賽色

鵲踏枝

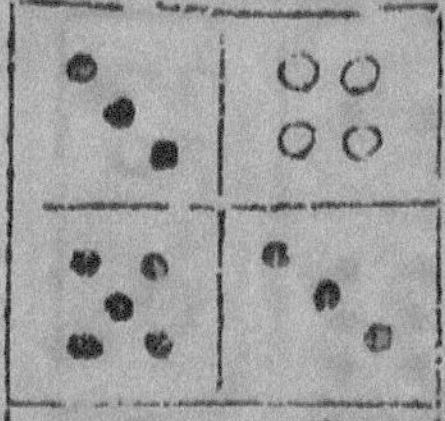

賽色

畫眉不畫

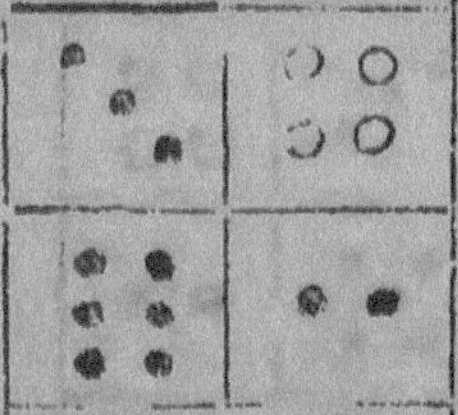

賽色

梅梢月

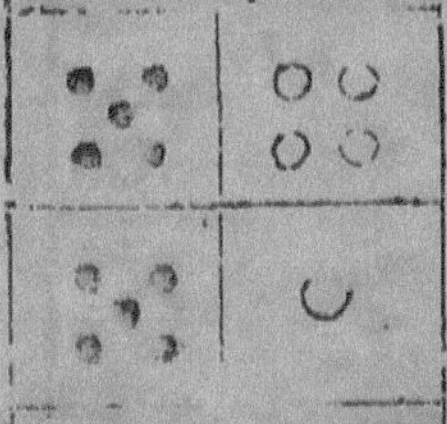

賽色

夾十兒

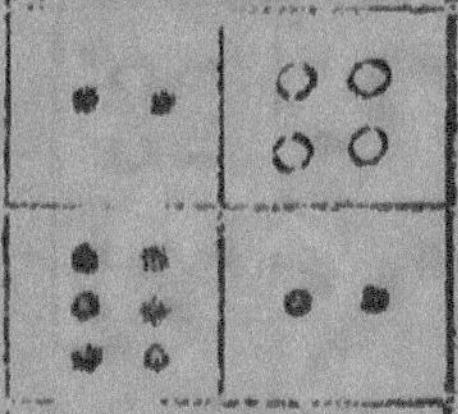

賽色

落梅花

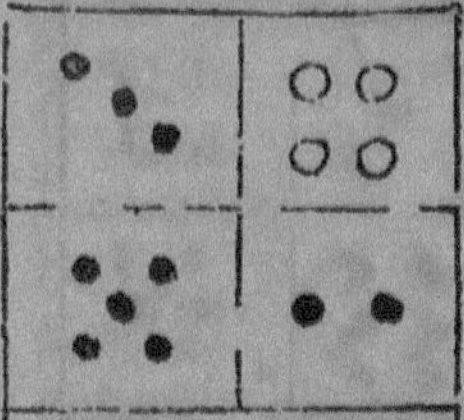

賽色

標葉兒

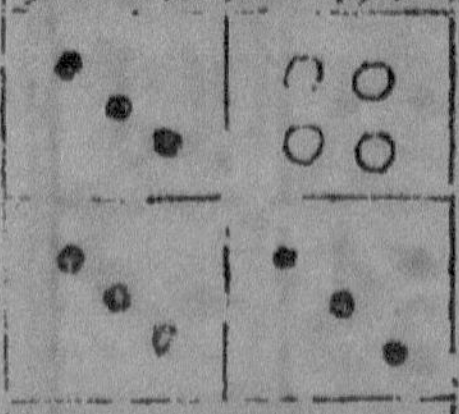

罰四帖

女冠子

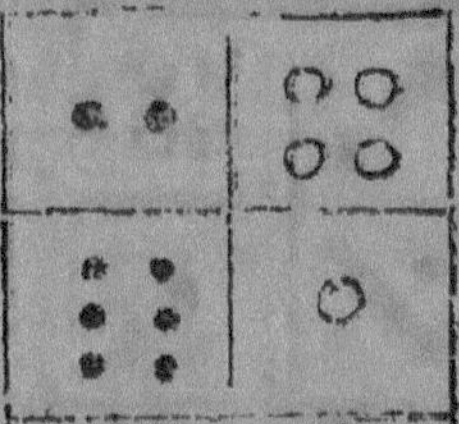

賽色

一剪梅

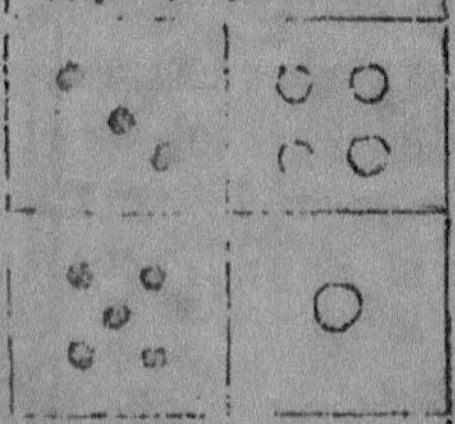

賽色

◎

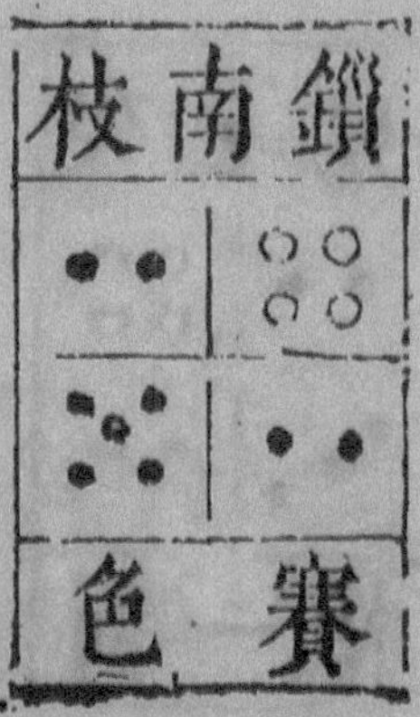
鎖南枝
賽色

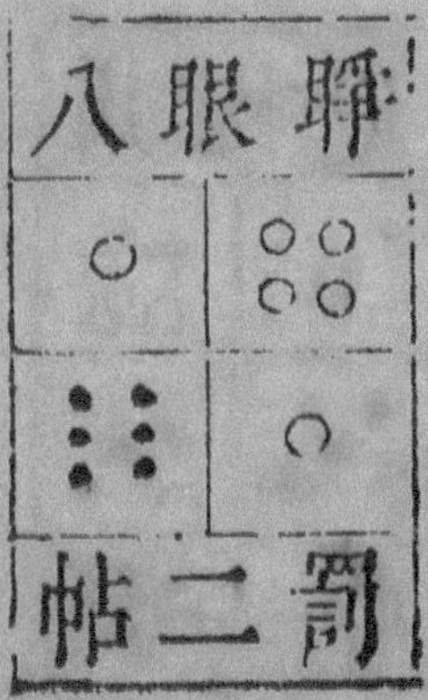
聯眼八
罰二帖

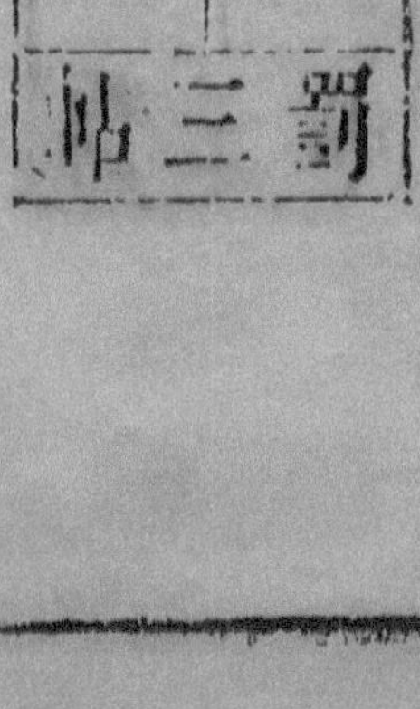
鑽頂八
罰三帖

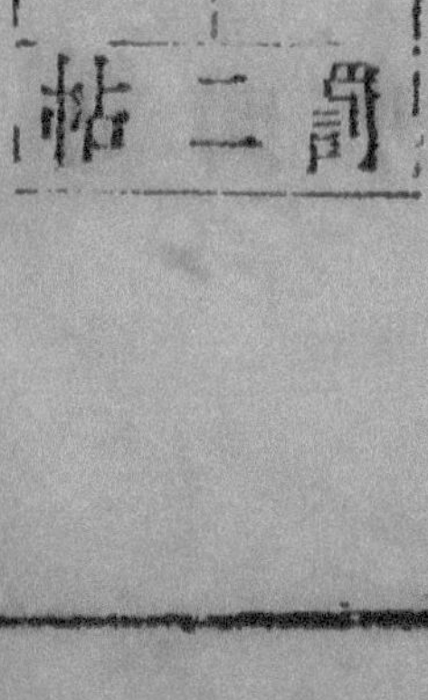
鴈兒八
罰二帖

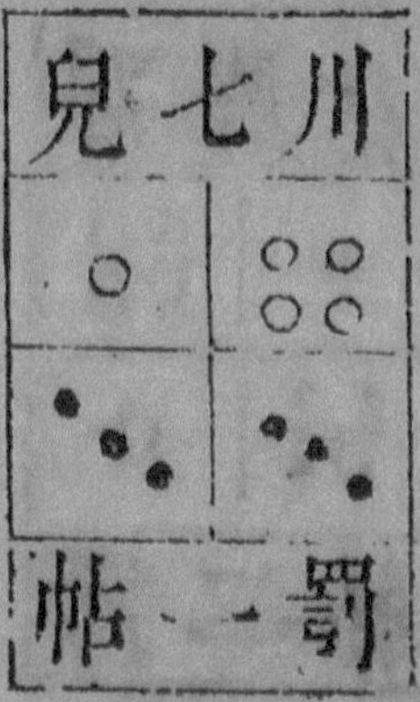
川七兒
罰一帖

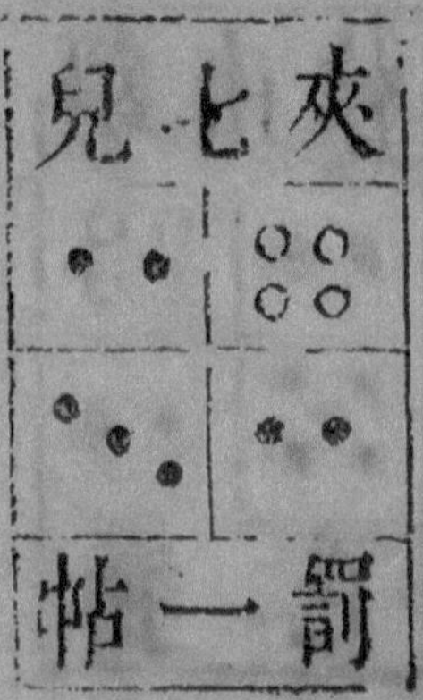
夾七兒
罰一帖

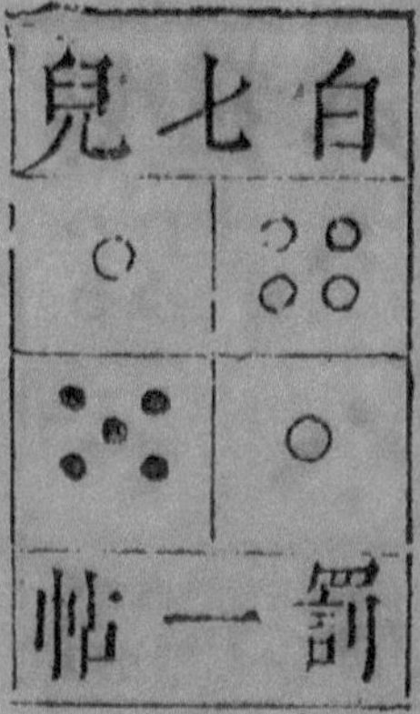
白七兒
罰一帖

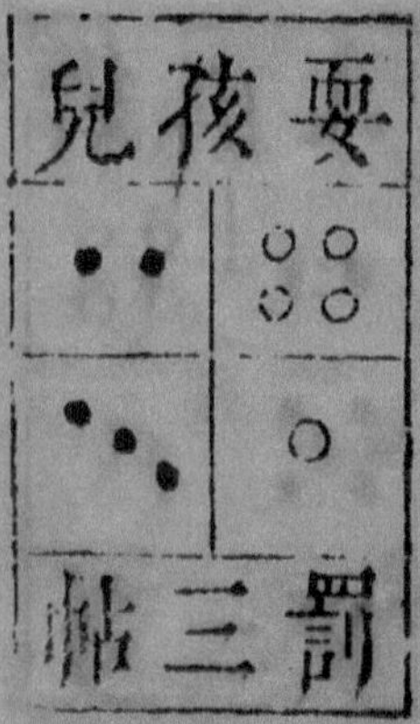
要孩兒
罰三帖

粉蝶兒

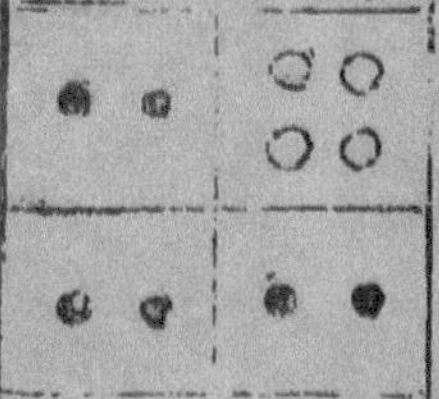

罰一帖

葫蘆兒

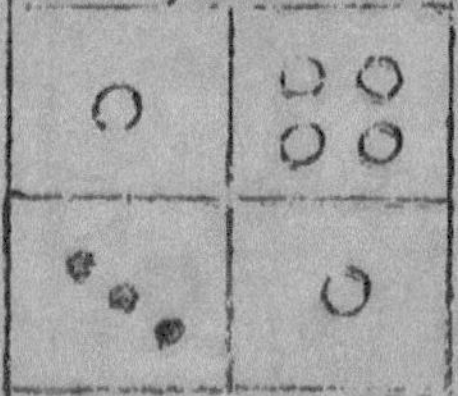

罰一帖

五侯養

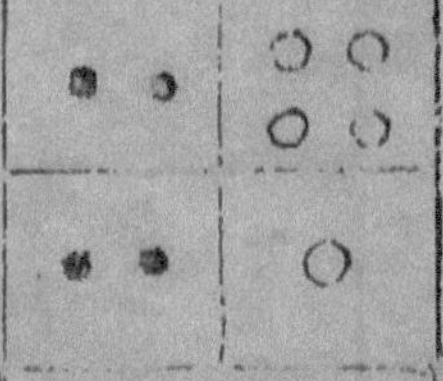

罰一帖

咬牙四

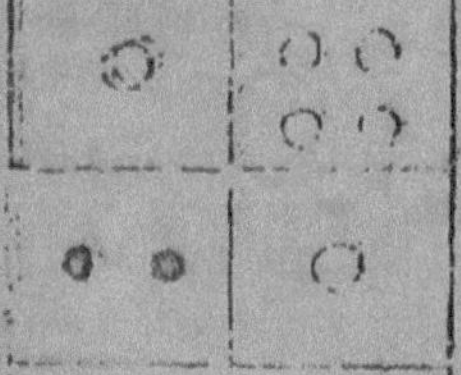

罰三沾

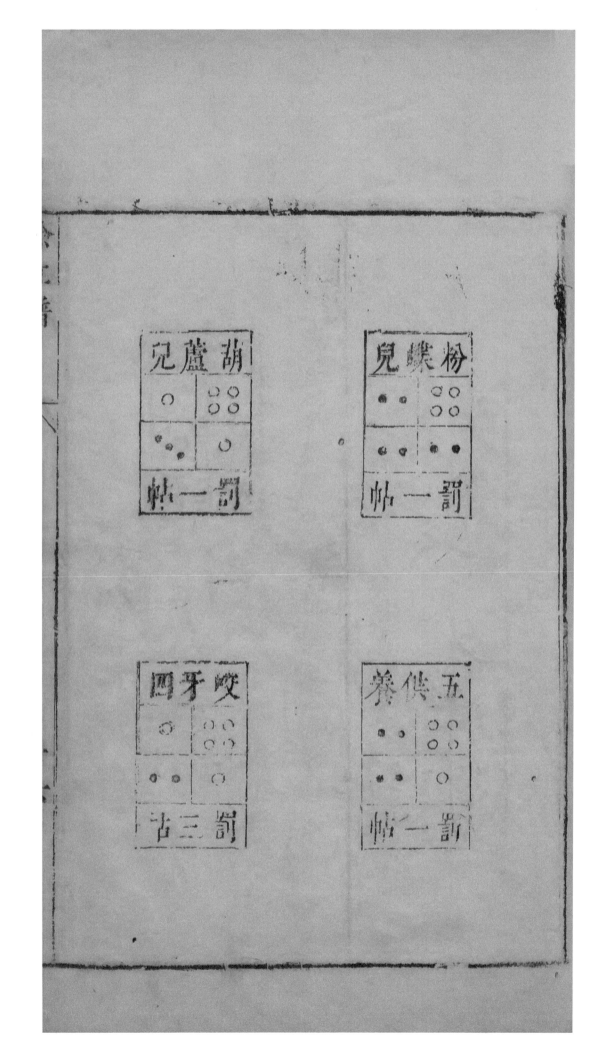

快活三

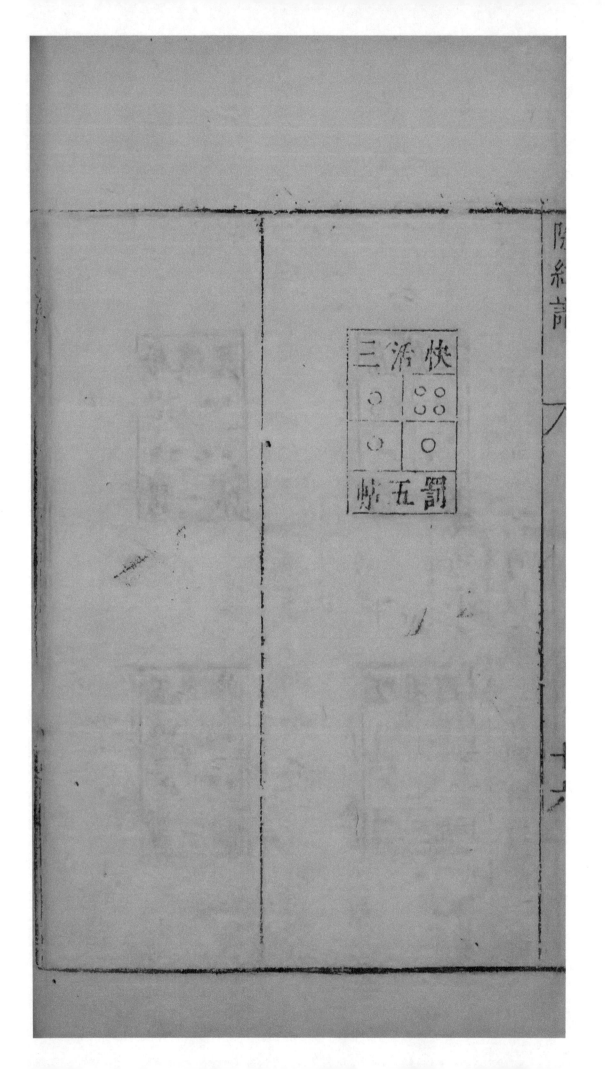

罰五帖

牌經十三篇

吳 龍子猶

論品篇第一

未角智先鍊品毋多言崑山謂牌爲閉口葉子毋舞機如認牌偷牌及詐語惑人皆是毋使氣毋隳志毋僥倖毋陰嫉得勿驕失勿吝大敗勿戀大勝勿劫俗曰劫賭其爭也君子斯爲美

論吊篇第二

諺云牌無大小只要湊巧不湊巧不能吊也一牌死一牌生三牌則死一四可以死二五則可以死三矣

將欲取之必固與之將兼取之必各與之先與一卓方可吊之假張先出多留假張則吊不穩重張先得惟重張方可不然則鈌路矣利賠速往如假張得利必敵人難於正本速往彼仍讓矣若待他路既通彼有眞張爲副必不讓也敗則改圖若遽爲敵擒則此路彼必尚有不宜復往美不欲盡盡則何以制人擒不欲早早則索然無味與其起椿毋寧縱散與其苟活如無賞之而正本類毋寧殉敵故單或呈巧或不能正本而只以一興吊死椿家忠之屬也若枯家遇醜脾亦可用此術以吊死散家五或見拙五卓或與三卓同吊謂之臭五卓先後人巳之間可不審與

論發篇第三

牌之死生吊之多寡全係發張我以往則彼以來故
小者先而大者後小可衆戰所多之路雖小可鬬若權在底家可以用情
大莫孤行如次賞頂張之類獨而無繼者慎勿輕出倘犯敵鋒必無幸矣無張而發
非窮則詐如他路大而不真又無副張可發此窮牌也雖空路亦不得不發矣若他路本有真
賞而反發空路者志在於吊也椿家往往以此惑人低牌照底計出無聊諺云牌低
照底發蓄既無關係則照底牌以聽天數勿誤認其有也散勿輕忘散家所出之路多有留張
待鬬切勿忘之椿勿過信發有不發無常理也在椿家則不可盡信單路者險單路
非頭未必鬬着故曰險雙路者穩三路者盛四路者全險急得便
宜急上卓穩遲可以緩盛寬可用情於人全勁不勁則不能多吊要之相機而行可

（也）雖有智者不易吾言矣

論捉放篇第四

馬吊之法三人同心以攻一樁凡决取舍須權上下（謂上手下手）樁在上宜縱樁在下宜截（雖不正本亦宜巡截所謂單或呈巧者也若牌大亦不必）頂張不嫌輕放（如九萬放八萬八萬放七萬之類苟非樁家皆可）同張不必累捉（如六萬捉五萬五萬捉四萬之類正與不捉同反為折張而有利於樁）本之後切勿求多（寧鬪以制人）有賞之家何妨故讓（諺云有賞面）

論門篇第五

角有體乎曰有一門爲正二門爲佐三門爲雜四門不成牌矣門之生熟視賞所標（已出賞者爲熟路未出賞者不論已發未發總謂之生）去莫若生（若多留生張未免惹生矣）存莫若熟真生但喜重頭（如萬門屬生而八七萬在手偶出其一他人卽有九萬亦未必便得利也）假熟須防縮脚（已發而未見賞者謂之假熟此路之賞未必不起但難於正本故縮脚以待耳若大者旣盡彼必以一大一小正本矣）勞必惹生寧爲先發（雖有兩賞而無小牌以副之出後仍須惹起生路不如先出生路而藏賞以制人也）謀能料敵方可翻靑（如鬭至第七張本有熟路而忽然出生謂之翻靑此必逆料散家之無樁家之有而出奇以窮之要之不可爲常也）

經曰多算勝少算不勝況無算乎

論滅篇第六

夫擒貴及時滅亦有序早曰催張言催人之提滅也遲曰戀滅謂戀而不舍催則利人先人而滅則人窺我之虛而擒縱催所操矣若椿在下手尤忌戀則餂人或大小而擒之未必已有或過大而縱之恐爲人截故意俄延以覘下手之有無此校計也縱有深心已玷雅品惟賞無前後不妨速滅次與頂張終非其例次賞與頂張雖止受一牌之制然先滅則人得窺其有無故寧後也至於聽闕如醜牌有滅無提懶於應人總滅去聽三家自闕恥同降敵招侮取辱君子所戒

論留篇第七

正本之艱留張最重生路無大熟路無小真極勝於假賞熟鬬之路極有時真若生路雖次賞未必他人無正賞之留也存兩不若守一如別路不真留亦無益不如單守一路可幸而遇之然而受制尚多熟或取敗出其不意生或見功是在一時之權巧而已

論隱篇第八

凡牌分到手喜慍勿形譎者倒用終亦易測或盛而故爲愁歎或衰而反作張揚雖欲眩人難逃識者無聲無臭斯其至乎失未及七牌不可棄美雖已盡鋭若方始挫而不衰久而彌整卽算人不足於以樂人算有餘矣

論忍篇第九

忍之爲道利可制而艱可貞無賞之家勿忙正本無賞則關係至小郎不正本無傷也熟戰之路勿急上卓熟路不來若急於上卓則少情矣寧輸一牌勿容樁起寧少一吊勿容樁比未張不眞者謂之比張如樁家先有一卓則亦在此中萬一正本爲害不小故寧少吊一家毋留假張以起樁萬全之術也

論還篇第十

諺云末家牌落得來此言底之有權也第四家爲底家牌到此擒縱惟命故其權最重善算者務以底制樁而不使樁作底待可

共功何妨故縱如頭家與末家同路多縱之則各吊一家矣縱大者小必報縱小者大亦償小牌屢得卓明知縱我則雖大亦還張矣張可還而不可抽抽巳牌以示之照會出此路也雙張有尾凡兩張連出者必有第三張來矣兩路無頭凡兩路求人者必還後一路謂之正本張萬一失信靜以俟之苟見於色是謂自窘之道如巳無還張誑信其有而放之只宜靜待苟見於色爲他家所覺誰肯犯我之鋒哉

論意篇第十一

凡牌在入手雖不聞不見可以意之示小者流多長凡好牌多先出小雖小屢得卓必有大者在手用大者道毋短若急出大張正本其餘可

知滅疾者牌必醜可滅者多故疾提急者門必狹牌止一路難於正本提必急矣可擒而故縱者餌也知其牌醜姑讓一卓而并吊之可縱而故擒者狠也如九萬七萬在手而不放八萬之類恐人得卓少我一吊也餌則速圖彼既餌我其牌必盡我當速圖正本狠當徐守彼有兼并之意我速圖則敗矣藏盈而出虛者椿家之巧也凡椿家發牌多發巳所無之路爲疑兵其有者反藏以待人也棄少而用多者散家之常也多則便於來往先大後小者求以小還張先小後大者探也本有大者恐犯敵鋒先以小探之得本惹生多應通路既正本復發生張必手有大牌欲通此路以便於擒也獨行無繼須識閤門突出大張而不還者必是重張欲留以閤人不肯缺此一路也大牌顯滅

夬有副張如滅八萬必尚有七萬信其已滅必墮其術中也熟路恐劄定皆正賞賞不忍棄故寧去熟張以圖僥倖散則迎之椿則避之繇此而推思過半矣

論損益篇第十二

凡戰之道同智相角奇趣乃呈擇大者愚不論生熟但擇大者留之此左計也備多者拙牌雖四門未必盡用若無路備之反致掣肘戀賞者必速亡賞若熟路必不可棄者寧滅生賞若戀之不舍其亡必矣貪吊者必起椿如惹生及容椿比張之類一人用智庇及兩家其或寡謀累亦非小語云益者三友損者三友此之謂也

論勝負篇第十三

夫勝負雖微幾則先見醜牌得利必有奇祥三賞不開定非佳兆椿前色樣半是凶徵過後牌來足占福薄頭贏難保終贏晚勝方爲全勝否極而泰切勿矜持盛過忽衰急須謹守至於洗有煩簡擄有厚薄智巧之士亦多變通然一飲一啄有數存焉落椿未必美落椿雖便於出賞然諺云三落椿輸得慌落椿七輸得急等語亦有時而驗居三卡必近諺云好牌不[illegible]一家當其運隆遇蹇亦濟及其氣盡逢吉[illegible]之化斷乎不爽夫開有不同或獨開或對

而開或並肩開或連三開或滿場開或單開或雙開或接手開謂椿前開人臨椿復自開而或滅殺開或椿前有賞滅死而椿上反開或餘氣開四家牌雖已周而椿牌過盛勢未必遽斬尚有餘氣或代開上手應開而不開或應大開而開之不盡下手有壁出注多寡以意裁之時至而不乘與非時而強索兩者皆敗道也

胟陣譜

雲間袁福徵

吾友汪尊生有句曰拳猜譜醉容夫既列酒兵難廢胟陣雲間袁履善先生以辣悍之筆號令糟壇遂覺與武子十三篇並樹中原赤幟

拳者權也馬者乘也小閱實則易窮大衍機則善託因託而乘攻所必獲出窮而變反復其常常在我則間在彼矣

兵者務氣雄者務隱氣盛有蹶氣隱有作作啓一路

之奇隱犯于蹊之險初臨貴犯其險以嘗彼之庸次
陣貴犯其庸以寄我之險凡三交而往蔑不愼者無
險無庸應敵若鍾無庸無巧視裨如老雄附隱投腑
陣堅矣
師衡首虛彼不意也師欠詭拙彼不度也巧十而拙
一拙爲巧用度九而意八意可一摩摩十之三上聖
也摩十之五中黨也摩十之八下類也先摩後規匿
其衡而往聖可侮矣
性者情之設質者性之貌十甲曰質註申曰情設甲

曰貌貌爲惰也裎何彰乎滿不自揣疏不自呈滑不
自疑實不自道裎不自假形不自謀四體生則笑語
從七性遣則遲速隨矣權者意性而兩商交者因彼
而藏我者也
腳有五隱顯數隨之交有再色服形乎之蓄而示細
再而示緩纖而示廣壯而示歛易而示難腳之隱設
也細則暴其無蓄緩則仍其非再廣則擁其不纖歛
則聳其莫壯難則揆其勿易顯之隱設也五隱之內
五色示焉衷甲於袖端揣其端而服體呈矣安所爲

焉
凡陣交以順者可得其色交以逆者可得其涎交以
素者可得其情彼無算則我有鈇彼詳臆則我無破
矣
上士貴固中士貴揣下士貴襲能避彼襲十勝其百
能先彼揣內專於外固道之師無襲也無揣也而必
襲也必揣也
俎豆者軍勝之寄詩書者干戈之府相形則爭相領
則犯彼銳以先我萎而敵揣也我銳也彼可萎也彼

嘗以竢我億而殺焉由我億也彼可殺也殺之而累億戒其鋭我也故億貴奇也未陣虞其實既野計其合既陳籌其常既退恐其復常不可忘復不可易視復如初合復可易得也視常如一路陳可槩獲也能籌於廿之外者復不繼矣留籌之實非前則後非多則寡留九而攻一衆之算止此約矣留一而攡九衆之奇止此顯矣商其所羸閱其來攻師實不待閱而半可億也

壘炭凳臂初藏合以屈信爲伸藏而設奇尚可虞其

腹也伸而不藏夫何畏乎用吾間也伸吾間也知屈伸之間者雖藏猶網矣

隨敵罰其掌量盍盡其雄非數多者獲少而師勞脫有物故不可得當矣故七合而六可因者百合而小俘也故筭多而敵可窮也追窮逐遁十易於一也最險者因平以襲最智者附拙以披襟貴伏也舒貴理也天且不違而況於人乎

不言而雄雄者言在裾也不數而多寡者數在心也師嘗久則裾廢而數不足論矣慮其避也乃吾所嘗

也何嘗數之粗跡乎

閱象以指布位以策數在目先象在位先得象而策數者以神合外神也是名後天得數而揆實者以象合外象也是名先天

以意戰者點頰而往以語戰者盛氣而往以形戰者閱實而往以故戰者籌常而往意者合天之朋也語者佐天之朋也形者天定之朋也故者天襲之朋也知斯而陳者手可玄矣

唐皇甫松酒令曰亞其虎膺謂手掌凸其私根謂

指節以蹲鴟間虎膺之下蹲鴟大指也以鉤戟差玉柱之傍鉤戟頭指玉柱中指也潛虬潤玉柱三分潛虬無名指也奇兵潤潛虬一寸奇兵小指也死其三洛謂彈其脫也生其五峰通乎五指也謂之招手冬

居家必備

十止

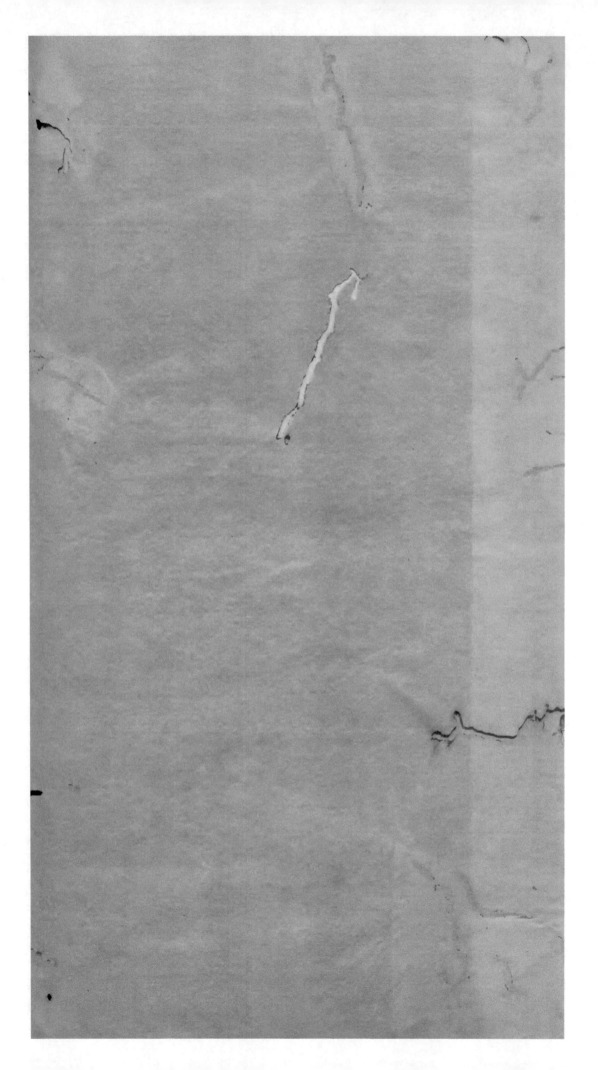

居家必備卷十

清課

清齋位置

起居器服

洞天清錄

紙　墨　筆　硯

書　香

鑒古玩品

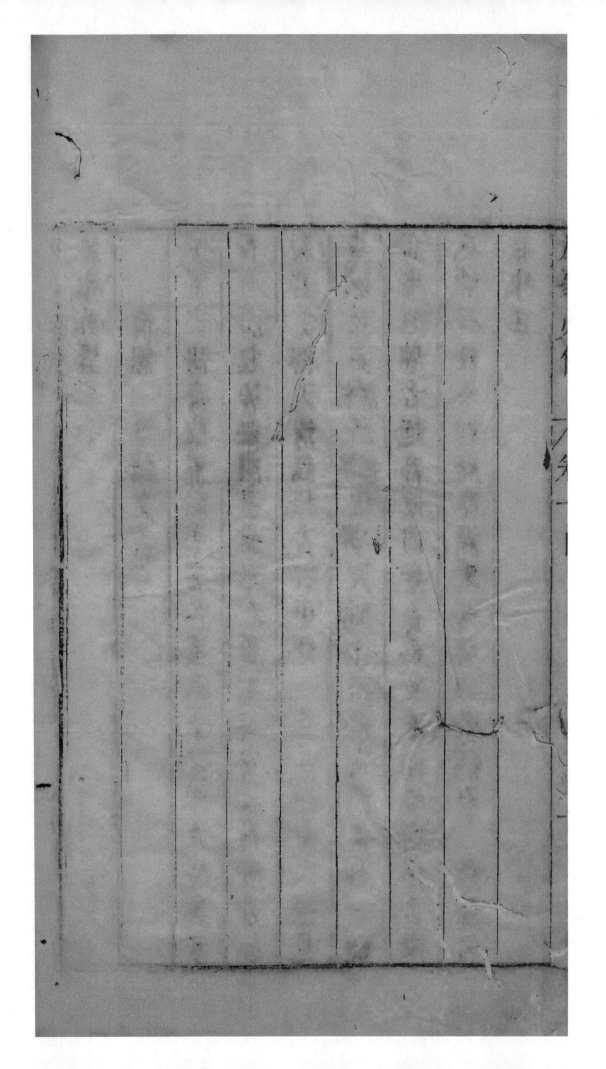

清齋位置

雁門文震亨

位置之法煩簡不同寒暑各異高堂廣榭曲房奥室各有所宜即如圖書鼎彝之屬亦須安設得所方如圖畫雲林清秘高梧古石中僅一几一榻令人想見其風致眞令神骨俱冷故韻士所居入門便有一種高雅絕俗之趣若使前堂養鷄牧豕而後庭侈言澆花洗石政不如凝塵滿案環堵四壁猶有一種蕭寂氣味耳

坐几

天然几一設于室中左邊東向不可迫近牕檻以逼風日几上置舊研一筆筒一筆規一水中丞一研山一古人置研俱在左以墨光不閃眼且于燈下更宜書册鎮紙各一時時拂拭使其光可鑒乃佳

坐具

湘竹榻及禪椅皆可坐冬月以古錦製縟或設皋比俱可

椅榻屏架

齋中僅可置四椅一榻他如古須彌座短榻矮几壁几之類不妨多設忌靠壁平設數椅屏風僅可置一面書架及橱俱列以置圖史然亦不宜太雜如書肆中

懸畫

懸畫宜高齋中僅可置一軸于上若懸兩壁及左右對列最俗長畫可挂高壁不可用挨畫竹曲挂畫卓可置奇石或時花盆景之屬忌置朱紅漆等架堂中宜挂大幅横披齋中宜小景花鳥若單條扇面斗方

挂屏之類俱不雅觀畫不對景其言亦謬

置鑪

于日坐几上置倭臺几方大者一上置鑪一香盒大者一置生熟香小者二置沉香香餅之類筯瓶一齋中不可用二鑪不可置于挨畫卓上及瓶盒對列夏月宜用磁鑪冬月用銅鑪

置缾

隨缾製置大小倭几之上春冬用銅秋夏用磁堂屋宜大書室宜小貴銅瓦賤金銀忌有環忌成對花宜

瘦巧不宜煩雜若插一枝須擇枝柯奇古二枝須高下合插亦止可一二種過多便如酒肆惟秋花插小瓶中不論供花不可閉牕戶焚香烟觸即萎水仙尤甚亦不可供于畫卓上

小室

几榻俱不宜多置但取古製狹邊書几一置于中上設筆硯香合薰鑪之屬俱小而雅別設石小几一以置茗甌茶具小榻一以供偃臥趺坐不必挂畫或置古奇石或以小佛櫥供鎏金小佛于上亦可

臥室

地屏天花板雖俗然臥室取乾燥用之亦可第不可彩畫及油漆耳面南設臥榻一榻後別留半室人所不至以置薰籠衣架盥匜廂奩書燈之屬榻前僅置一小几不設一物小方杌二小櫥一以置香藥玩器室中精潔雅素一涉絢麗便如閨閣中非幽人眠雲夢月所宜矣更須穴壁一貼爲壁牀以供連牀夜話下用抽替以置履襪庭中亦不須多植花木第取異種宜秘惜者置一株于中更以靈璧英石伴之

亭榭

亭榭不蔽風雨故不可用佳器俗者又不可耐須得舊漆方面粗足古朴自然者置之露坐宜湖石平矮者散置四傍其石墩瓦墩之屬俱置不用尤不可用朱架架官磚于上

敞室

長夏宜敞室盡去窗檻前梧後竹不見日色列木几極長大者于正中兩傍置長榻無屏者各一不必挂畫蓋佳畫夏日易燥且後壁洞開亦無處宜懸挂也

北牕設湘竹榻置簟于上可以高臥几上大硯一青綠水盆一尊彝之屬俱取大者置建蘭一二盆于几案之側奇峯古樹清泉白石不妨多列湘簾四垂望之如入清涼界中

佛室

內供烏絲藏佛一尊以金鋑甚厚慈容端整妙相具足者為上或宋元脫紗大士像俱可用古漆佛櫥若香象唐象及三尊並列接引諸天等象號曰一堂并朱紅小木等櫥皆僧寮所供非居士所宜也長松石

洞之下得古石像最佳案頭以舊磁淨瓶獻花淨碗酌水石鼎爇印香夜燃石燈其鐘磬幡幢几榻之類次第鋪設俱戒纖巧鐘磬尤不可並列用古倭漆經廂以盛梵典庭中列施食臺一幡竿一下用古石蓮座石幢一幢下植雜草花數種石須古製不則亦以水蝕之

壘石疊一層丁柚雜草花數種石須古瘦而有苔者亦以
所以盛瓷與庭中列植食蒲一盆等一二[illegible]百蕈
次第鋪設俱成纖巧繪畫允小可遊[illegible][illegible][illegible]蘿
而木石非烟霞印者不煩不爛其饋蓄養兄門之薦
而人之作古不能成其榮可以養蘊精神戲其精潔

起居器服箋

東海屠隆

榻

高一尺二寸長七尺有奇橫如長之半周設木格中實湘竹置之高齋可作午睡夢寐中如在瀟湘洞庭之野有大理石鑲者或花楠者或退光黑漆中刻竹以粉填之儼如石榻者佳

短榻

高九寸方圓四尺六寸三面靠背後背少高如傍置

之佛堂書齋閒處可以坐禪習靜共僧道談玄甚便斜倚又曰彌勒榻

禪椅

嘗見吳破瓢所製採天台藤爲之靠背用大理石坐身則百衲者精巧瑩滑無比

隱几

以怪樹天生屈曲若環帶之半者爲之橫生三丫作足出自天然摩弄瑩滑置之蒲團或榻上倚手頓顙可臥書云隱几而臥者此也

坐墩

冬月用蒲草爲之高一尺二寸四面編束細密且甚
堅實內用木車坐板以柱托頂久坐不壞暑月可置
藤墩如畫上者佳

坐團

有蒲團大徑三尺者席地快甚吳中製者精妙可用
椶團亦佳或以青氈爲團中印白梅一枝雅稱趺坐
山椒玩月以雄黃熬蠟作蠟布團坐之可遠濕辟虫
蟻

滚凳

以木爲之長二尺濶六寸高如常四桯鑲成中分一

鏤内二空中車圓木二根兩頭留軸轉動凳中鑿竅

活裝以脚踹軸滚動往來蓋湧泉穴精氣所生之地

故必以運動爲妙

枕

舊窑枕長二尺五寸濶六寸者可用長一尺者謂之

尸枕乃古墓中物雖宋磁白定亦不可用有磁石者

如無大塊以碎者琢成枕面下以木鑲成枕最能明

目益睛至老可讀細書有以大理石鏤成者亦佳有書枕臞仙所製用紙三大卷狀如碗品字相疊束縛成枕每卷綴以朱籤牙牌下垂一曰太淸天籙一曰南極壽書一曰蓬萊仙籍用以枕於書窓之下㝡雅

簟

菱葦出滿喇加國生於海之洲渚岸邊葉性柔軟鄉人取之織爲細簟冬月用之愈覺溫暖夏則蘄州之竹簟㝡佳

被

以玉色或蘭花布爲之上畫蝴蝶飛舞變態不一儼存蝶夢餘趣

臥褥爐

以銅爲之花文透漏機環轉運四周而鑪體常平可置之被褥

帳

冬月紙帳或白厚布或厚絹爲之夏月吳中撬紗爲妙以粗布爲帳底如綴頂式紉其三面前餘半幅下垂上寫梅花副以布衾蒲桃蒲褥左設几焉燃紫藤

香趣相稱道人還了鸞鶿債紙帳梅花醉夢間之意

紙帳

用藤皮繭紙纏於木上以索纏緊勒作皺紋不用糊以線折縫縫之頂不用紙以稀布爲頂取其透氣或畫以梅花或畫以蝴蝶自是分外清致

禪衣

瑣哈剌絨爲之外紅裡黑其形似胡羊毛片縷縷下垂用布織爲體其用耐久來自西域價亦甚高惟都中有之似不易得

道服

製如中衣以白布爲之四邊延以緇色布或用茶褐爲袍緣以皂布有玉衣鋪地儼如月形穿起則披風以呂公黄縧繫之中空者副之二者用以坐禪策蹇披雪避寒俱不可少

冠

有鐵者玉者竹籜者犀者琥珀者沉香者瓢者白螺者製惟偃月高士二式爲佳癭木者終少風神

扇

有羽扇有新安竹篾扇輕便可携但不宜漆有紙糊者如篾扇式亦佳但有竹根紫檀妙柄爲美

巾

漢巾之製去唐式不遠前摺較後兩傍少窄三四分頂角少方有純陽巾亦佳兩傍製玉圈右綴一玉瓶可以簪花外此者非山人所取

又

或段或氈爲之匾巾方頂後用披肩半幅内絮以綿此臞仙所製爲踏雪衝寒之具

[illegible]文履

用白布作履如世俗之鞋用皂絲縧一條約長一尺三四許折中交屈之以其屈處綴履頭近底處取起出履頭一二分而爲二復綴其餘縧於履面上雙交如舊書圖分其兩稍綴履口兩邊緣處是爲絇於牙底相接處用一細縧縧周圍綴於縫中是爲繶又以履口納足處周圍緣以皂絹廣寸許是爲純又於履後綴二皂帶以繫之如世俗鞋帶是爲綦如黑履則用皂布爲之或白或藍爲絇繶純綦是也

洞天清錄

宋　趙希鵠

筆格

玉筆格有山形者有舊仙者有舊玉子母猫長六七寸白玉作母橫臥爲坐身負六子起伏爲格有純黄純黑者有黑白雜者有黄黑爲玳瑁者因玉玷污取爲形體扳附眠抱諸態絶佳眞奇物也銅者有鎏金雙螭挽格精甚有古銅十二峰頭爲格者有單螭起伏爲格者窑器有哥窑三山五山者製古色潤有白

定臥花哇瑩白精巧木者有老樹根枝蟠曲萬狀長止五六七寸宛若行龍鱗角爪牙悉備摩弄如玉誠天生筆格有棋楠沉速不俟人力者尤爲難得石者有峰嵐起伏者有蟠屈如龍者以不假斧鑿爲妙

研山

始自米南宮以南唐寶石爲之圖載輟耕錄後即効之大率研山之石以靈璧英石爲佳地石紋片粗大絕無小樣曲折屼嵂森聳峰巒狀者嘗見宋人靈璧研山峰頭片段如黃子久皴法中有水池錢大深半

寸許其下山脚生水一帶色白而起磥砢若波浪然刻非人力僞爲此眞可寶又見一樂石研山長八寸許高二寸四面米粞包裹而巒頭起伏作狀尤更難得

筆牀

筆牀之製行世甚少有古鎏金者長六七寸高寸二分闊二寸餘如一架然上可卧筆四矢以此爲式用紫檀烏木爲之亦佳

筆屏

有宋内製方圓玉花板用以鑲屏插筆最宜有大理舊石方不盈尺儼狀山高月小者東山月上者萬山春靄者皆是天生初非細捏以此爲毛中書屏翰似亦得所蜀中有不解開有小松形松止高二寸或三五十株行列成徑描画所不及者亦堪作屏取極小名画或古人墨跡鑲之亦奇絶

筆筒

湘竹爲之以紫檀烏木稜口鑲坐爲雅餘不入品

筆船

有紫檀烏木細鑲竹篾者精甚有以牙玉爲之者

佳此與直方並用不可缺者

筆洗

玉者有鉢盂洗長方洗玉環洗或素或花工巧擬古銅者有古鏒金小洗有青綠小盂有小釜小卮匜此五物原非筆洗今用作洗最佳陶者有官哥元洗葵花洗磬口元肚洗四捲荷葉洗捲口簾段洗縫環洗長方洗但以粉青紋片朗者爲貴有龍泉雙魚洗菊花瓣洗鉢盂洗百折洗有定窑三箍元洗梅花洗縧

環洗方池洗柳斗元洗元口儀稜洗有中蓋作洗邊盤作筆覘者有宣窑魚藻洗葵瓣洗磬口洗鼓樣青剔白幡洗近日新作甚多製亦可觀似未入格

筆覘

有以玉碾片葉爲之者古有水晶淺碟有定窰匾坦小碟最多俱可作筆覘更有奇者

水中丞

玉者有陸子岡製其碾獸面錦地與古尊罍同亦佳器也有古玉如中丞半受血侵元口甕腹下有三足

大如一拳精美特甚乃殉葬之物古人不知何用今
作中丞極佳銅者有宣銅雨雪沙金製法古銅甎者
様式甚美有古銅小尊罍彝微口元腹細足高三寸許
以作中丞特佳陶者有官哥瓮肚元式有鉢盂小口
式者有儀稜肚者有青東磁菊瓣瓮肚元足者有定
窰印花長様如瓶但口微可以貯水者有元肚束口
三足者有龍泉瓮肚周身細花紋近用新燒均窰俱
法此式奈不堪用

水注

玉者有圓壺方壺有陸子岡製白玉辟邪中空貯水上嵌青綠石片法古蕉形滑熟可受有蟾蜍注擬寶晉齋舊式亦佳銅者有古青綠天鷄壺有金銀片嵌天鹿妙甚有半身鸕鷀杓有鏒金雁壺有江鑄眠牛以牧童騎跨作注管者亦佳但銅性猛烈貯水久則有毒多脆筆毫又滴上有孔受塵所以不清今所見犀牛天鹿之類口啣小盂者皆古人注油點燈非水滴也陶者有官哥方圓壺有立瓜臥瓜壺有雙桃注有雙蓮房注有牧童臥牛者有方者有筆格内貯水

用者有定窰枝葉纏𢙬瓜壺有蒂葉茄壺有駝壺[illegible]
格筆有蟾注有青冬磁天雞壺底有一竅者有　窰
五采桃注石榴注雙瓜注彩色類生有雙鴛注　注
工緻精極俱可入格

研匣

不可用五金蓋石逎金之所自出若同處則子盈母
氣反能燥石以紫檀烏木豆瓣楠及雕紅退光漆者
爲佳

墨匣

凡紫檀烏木豆瓣楠爲匣多用古人玉帶花板鑲之亦有舊做長玉螭虎人物嵌者爲最有雕紅黑退光漆亦佳

印章

有古之鎏金塗金細錯金銀及商金青綠銅章有金者玉者瑪瑙琥珀寶石者有哥窯官窯青冬窯者其製作之巧鈕式之妙不可盡述古玉章用力精到篆文筆意不爽絲髮此必昆吾刀刻也即漢人雙鈎碾玉之法亦非後人可擬故玉章更爲賞鑒家珍重青

田石中有瑩潔如玉照之燦若燈煇謂之燈光石今頓踊貴價重于玉葢取其質雅易刻而筆意得盡也今亦難得近刻玉章並無昆吾刀蟾酥之說惟用眞菊花鋼煆而爲刀濶五分厚三分刀口平磨取其平尖鋒頭爲用將玉章書篆文以木架鈐定用刀隨文鐫之一刀弗入再鍥一刀多則三鍥玉屑起矣但不可以力勝之則滑而難刻運力以腕更置礪石於傍時時磨刀使鋒鋩堅利無不勝也別無他術今之鍥家以漢篆刀筆自負將字畫殘缺刻損邊傍謂有古

意不知顧氏印藪六帙可謂徧括古章内無十數傷損即有傷痕迺入土久遠水銹剝蝕或貫泥沙剔洗損傷非古文有此欲求古意何不法古篆法刀法而竊其傷損形似可發大噱若諸名家自無此等

圖書匣

有宋剔新剔者有填漆者有紫檀鑲嵌玉石者有豆瓣楠者近有退光素漆者何文如之亦堪日用

印色池

官哥窰方者尚有八角委角者最難得定窰方池外

有印花文佳甚此亦少者諸玩器玉當較勝于磁惟印色池以磁爲佳而玉亦未能勝也故今官哥定窰者貴甚近日新燒有蓋白定長方印池并青花白地純白者此古未有當多蓄之且有長六七寸者佳甚玉者有陸子岡做周身連蓋滚螭白玉印池工緻佯古近多效製有三代玉方池内外土銹血侵四裹不知何用今以爲印池似甚合宜

糊斗

有古銅小提卣一如拳大者上有提梁索股有蓋盛

糊可免鼠竊有古銅元瓮肚如酒杯式下乘方座且體厚重不知古人何用今以爲糊斗似宜有古銅三箍長桶下有三足高二寸許甚宜盛糊陶者有建窰外黑內白長罐定窰元肚并蒜蒲長罐有哥窰方斗如斛中置一梁俱可充作糊斗銅者便於出洗價當高於磁石

蠟斗

古人用以炙蠟緘啓銅製頗有佳者皆宋元物也今雖用糊當收以備數

鎮紙

銅者有青綠蝦蟆有遍身青綠蹲虎蹲螭眠犀有坐臥哇哇有鎏金辟邪臥馬皆上古物也玉者有古蹺古人用以捊肋豿墊者有白玉獝狗有臥螭有大樣坐臥哇哇有玉兔玉牛玉馬玉鹿玉羊玉蟾蜍其背斑點如洒墨色同玳瑁無黃暈緣若蝦蟆背狀肚下純白其製古雅肖生用為鎮紙摩弄可愛瑪瑙有日月瑪瑙石鼓有栢枝瑪瑙蹲虎辟邪有紅絲瑪瑙蟹可為奇絕水晶者有石鼓海黃眠牛捧瓶波斯陶者

有哥窰蟠螭有青東磁獅鼓有定哇哇猤猊

壓尺

有玉碾雙螭尺有以紫檀烏木爲之上用古倣蹲螭玉帶抱月玉兔走獸爲紐者有倭人鏒金銀壓尺古所未有尺狀如常上以金鏒雙桃銀葉爲紐面以金銀鏒花皆縧環細嵌工緻動色更有一竅透開內藏抽斗中有刀錐鑷刀指剉刮齒消息穵耳剪子收則一條摺開成剪謂之八面埋伏甚于斗中收藏近有潘恭仿爲浙人被擄入倭性最巧潘得倭之技在鉄

十年其鏤嵌金銀倭花樣式的傳倭製後以倭敗遂

皆徙居雲間所製甚精而價亦甚高

秘閣

有以長樣古玉璏爲之者近以玉碾螭文卧蚕梅花等樣長六七寸者有以紫檀雕花者有以竹雕花巧人物者有倭人造黑漆秘閣如圭元首方下濶二寸餘肚稍虛起恐惹字黑長七寸上描金泥花樣其質輕如紙爲秘閣上品

貝光

多以貝螺爲之形狀亦雅有古玉物中如大錢元泡高起半寸許傍有三耳可貫不知何物以爲貝光雅甚有以紅瑪瑙製爲一桃稍匾下光可砑紙上有桃葉枝梗凡水晶玉石可倣爲之

靉靆

如大錢色如雲母老人目力昏倦不辨細書以此掩目精神不散筆畫倍明出西域滿剌國

裁刀

有古刃筆青綠裹身上尖下環長僅尺許古人用以

殺青爲書今人入文具似雅有姚刀可入格近有崇
明刀頗佳刀靶慌西番鸂鶒木最爲難得取其不染
肥膩其木一半紫褐色内有蟹爪紋一半純黑色如
烏木有距者價高山西澤潞有不灰木作靶亦妙

剪刀

有賓鐵剪刀製作極巧外面起花度金裡面嵌回回
字者如潘鐵所遺倭製摺疊剪刀古所未有有則寶
之後世必有好尚之者

途利

小文具匣一以紫檀爲之内藏小裁刀錐子穵耳挑牙消息修指甲刀剉指剔指刀髮刡鑷子等件旅途利用似不可少

書燈

有古銅駝燈羊燈龜燈諸葛軍中行燈鳳龜燈有元燈有青緑銅荷一片檠爲花朵於上想取古人金蓮之意用亦不俗陶者有定窯三臺燈檠有宣窯兩臺燈檠俱堪書室取用

香櫞盤

香橼出时山斋最要一事得官哥定窑大盘青冬磁
龙泉盘古铜青绿盘宣德暗花白盘苏麻尼青盘朱
砂红盘青花盘白盘数种以大为妙每盆置橼二十
四头或十二二十三头方足香味满室清芬其佛前小
几上置香橼一头之橐旧有青冬磁架龙泉磁架最
多以之架玩可堪清供否则以旧硃雕茶橐亦可惟
小样者为佳

钩

古铜腰束絛钩有金银碧填嵌者有片金厢者有用

獸面爲肚者皆三代物也有羊頭鉤螳螂捕蟬鉤鏒金者皆秦漢物也齋中以之懸壁挂畫挂劒及拂塵等用甚雅自一寸以至盈尺皆可用

簫

鶴脚銅鐵玉簫杖簫總不如紫竹九節而吹有奇聲者佳湘竹眉綠九節者尤更難得今會稽胡丁凡雲間戈蓼汀所製可稱江南二絕

麈

古人以玉爲柄用以對客清談者近有天生竹邊若

靈芝如意形者有小萬歲藤倣枝玲瓏透漏儼肖龍形者製爲麈柄甚雅其拂以白尾爲之妙

如意

古人用以指畫向往或防不測煉鐵爲之長二尺有奇上有銀錯或隱或現眞宣和舊物也近有天生樹枝竹鞭磨弄如玉不事斧鑿者亦佳

詩筒葵牋

採帶露蜀葵研汁用布揩抹竹紙上伺少乾以石壓之可爲吟箋以貯竹筒與騷人往來賡唱昔白樂天

與徵之亦嘗爲之故和靖詩有帶斑猶恐俗和節不妨山之句

韻牌

刻詩韻上下二平聲爲紙牌式每韻一葉總三十葉山遊分韻人取一葉吟以用韻似甚便覽

五嶽圖

篆法有二一出唐鏡一出道藏經以玉篆圖琢爲方圖綴於漢唐巾兩傍帶之甚雅以黃素朱書隸作三四寸高小卷飾以玉軸錦帶懸之杖頭與葫蘆作伴

可拒虎狼可遠魑魅謂非負圖先生輩歟

花尊

古銅花瓶入土年久受土氣深以之養花花色鮮明或就瓶新質陶玉器亦然其式以膽瓶小方瓶爲最若養蘭蕙須用觚牡丹則用蒲搥瓶方爾瓶内須打錫套管收口作一小孔以管束花枝不令斜倒又可注滚水插牡丹芙蓉等花冬天貯水插花則不凍損

瓶齊

鐘

得古銅漢鐘聲清韻遠者佐以石磬懸之齋堂所謂數聲鐘磬是非外一個閒人天地間是也

磬

有舊玉者股三寸長尺餘古之編磬也有古靈璧石色黑性堅者妙懸之齋中客有談及人間事擊之以代清耳

禪燈

高麗者佳有月燈灼以乳酥其光白瑩眞如初月出海有日燈得火内照一室皆紅曉日東升不是過也

小者尤更可愛價亦倍於月燈角者似不甚用

數珠

有以檀香車人菩提子中孔着眼引繩謂之灌香世廟初惟京師一人能之驟絕技也價定一分一子爲格有金剛子小而花細者甚貴有人頂骨以傍宗眼血寶色紅者爲佳梅黑爲下有龍鼻骨磨成者謂之龍充色黑嗅之微有腥香有玉瑪瑙琥珀金珀水晶沉香紫檀烏木棕竹硨磲者亦雅珊瑚俗甚記念有宋做玉降魔杵玉五供養有定窯豆大葫蘆有天

生一寸小葫蘆可作記總

鉢

取深山巨竹車旋爲鉢光潔照人上刻銘字填以大青誠道家方物似不可缺

番經

嘗見番僧攜玉佩經或皮袋或漆匣上有番篆花樣文字四方三寸厚寸許匣外兩傍爲耳繫繩佩服中有經文朱書其細密精巧中華不及此真梵王物也嘗與素珠同攜坐臥西風黃葉中捧念西方大聖作

人間有髮僧使心神閒靜妄念自熄養老之術也

鏡

秦陀黑漆古光背質厚無紋者為上水銀古花背者次之俗謂面無打攪輪轉周圍形影不改為貴有如錢小鏡滿背青綠嵌銀嵌金五嶽圖及乇子鐵花面無瘢痕清瑩如水極可人意價亦高貴似不易得携具用之山遊寺宿亦不可少菱花入角方鏡悉不取也

劒

自古格物之製莫不有法傳流獨鑄劒之術不傳典籍亦不之載故今無劒客而世少名劒今所見有歷之如鈎纖之鏗然有聲復直如絃亦非常鐵能爲也吾輩設此縱不能以禦暴敵强亦可壯懷志勇不得古劒即今之實劒如雲南製者懸之高齋俾豐城隱氣化作紫電白虹上燭三台斗垣令熒熒夜光爍彼欃槍彗孛不敢橫焰逞色豈果迂哉

洞天紙錄

宋　趙希鵠

南北紙

北紙用横簾造其紋横其質鬆而厚謂之側面紙南紙用竪簾其紋竪晉二王真跡多是會稽竪紋竹紙

唐紙

有硬黄紙唐人以黄蘗染之取其辟蠹其質如漿光澤瑩滑用以書經今秘閣所藏二王書皆唐人臨倣紙皆硬黄又元和初蜀妓薛洪度以紙爲業製小箋

十色名薛濤箋亦名蜀箋

宋紙

有澄心堂紙極佳宋諸名公寫字及李伯時亦多用此紙亳間有紙織成界道謂之烏絲欄有歙紙今徽州府歙縣地名龍鬚者紙出其間光滑瑩白可愛有黃白經箋可揭開用之有碧雲春樹箋龍鳳箋團花箋金花箋有匹紙長三丈至五丈陶穀家藏數幅長如匹練名鄱陽白有藤白紙觀音簾紙鵠白紙白鹿紙竹紙大箋紙有彩色粉箋其色光滑東坡山谷多

用之作畫寫字

元紙

有彩色粉箋蠟箋黃箋花箋羅紋箋皆出紹興有白籐紙觀音紙清江紙皆出江西趙松有枝子山張伯雨鮮于樞書多用此紙

國朝紙

永樂中江西西山置官局造紙最厚大而好者曰連七曰觀音紙有奏本紙出江西鉛山有榜紙出浙之常山直隷廬州英山有小箋紙出江西臨川有大箋

紙出浙之上虞今之大內用細密灑金五色粉箋五色大簾紙灑金箋有白箋堅厚如板兩面研光如玉潔白有印金五色花箋有磁青紙如段素堅韌可寶近日吳中無紋灑金箋紙為佳松江潭箋不用粉造以荊川連紙褙厚砑光用蠟打各色花鳥堅滑可類宋紙新安倣造宋藏經箋紙亦佳有舊裱畫卷綿紙作紙甚佳有則宜收藏之

高麗紙

以綿繭造成色白如綾堅韌如帛用以書寫發墨可

愛此中國所無亦奇品也

造葵牋法

五六月戎葵葉和露摘下搗爛取汁用孩兒白鹿堅厚者裁段葵汁内稍投雲母細粉明礬些少和匀盛大盆中用紙拖染挂乾或用以砑花或就素用其色綠可人且抱野人傾葵微意

染宋牋色法

黄栢一斤搥碎用水四升浸一伏時煎熬至二升止聽用橡斗子一升如上法煎水聽用胭脂五錢深者

方妙用湯四碗浸榨出紅三味各成濃汁用大盆盛汁每用觀音簾堅厚紙先用黃栢汁拖過一次復以橡斗汁拖一次再以胭脂汁拖一次更看深淺加減逐張晾乾可用

染紙作畫不用膠法

紙用膠礬作畫殊無士氣否則不可着色開染法以皂角搗碎浸清水中一日用沙礶重湯煮一炷香濾淨調勻刷紙一次挂乾復以明礬泡湯加刷一次挂乾用以作畫儼若生紙若安藏三二月用更妙拆舊

裱畫卷綿紙作畫甚佳有則宜寶藏可也

造搥白紙法

法取黄葵花根搗汁每水一大碗入汁一二匙攪勻用此令紙不粘而滑也如根汁用多則反粘不妙用紙十幅將上一幅刷濕又加乾紙十幅累至百幅無礙紙厚以七八張相隔薄則多用不妨用厚板石壓紙過一宿揭起俱潤透矣濕則晾乾否則平鋪石上用打紙槌敲千餘下揭開晾十分乾再疊壓一宿又槌千餘槌令發光與蠟牋相似方妙余常製之甚佳

但跡涉耳

造金銀印花箋法

用雲母粉同蒼术生薑甘草煑一日用布包揉洗又用絹包揉洗愈揉愈細以絶細爲佳收時以綿紙數層置灰缸上傾粉汁在上湮乾用五色箋將各色花板平放次用白芨調粉刷上花板覆紙印花板上不可重塌欲其花起故耳印成花如銷銀若用薑黄煎汁同白芨水調粉刷板印之花如銷金二法亦多雅趣

造松花箋法

槐花半升炒煎赤冷水三碗煎汁用銀母粉一兩礬五錢研細先入盆内將黄汁煎起用絹濾過方入盆中攪勺拖紙以淡爲佳文房用牋外此數色皆不足備

洞天墨録

宋　趙希鵠

論墨

古人用墨必擇精品𤇍不特藉美于今更藉傳美於後昔晉唐之書宋元之畫皆傳數百年墨色如漆神氣賴以全若墨之下者用濃見水則沁散湮汚用澹重褙則神氣索然未及數年墨跡已脱此用墨之不可不精也高深甫云墨之妙用質取其輕烟取其清嗅之無香磨之無聲新研新水磨若不勝𢙣急則熱

熱則生沫用則旋研研無久停塵埃汙墨膠力泥凝用過則澀墨積勿盈藏久膠宿墨用乃精誠鑒墨三昧語其古今名家造法備詳墨經墨書

古製墨法

古墨法云烟細膠新杵熟烝匀色不染手光可射人又曰虬松取烟鹿膠相揉九烝冈澤萬杵力扣光可照人色不染手造墨惟膠爲難古之妙工皆自製膠法取新解牛革及觔全用之牛革取其厚處連膚及毛皆劑不用入冶成膠即以和烟若冷定重化則已

非新矣今之膠料皆牛革之棄餘故雖號廣膠去古膠法猶遠無怪乎墨品之下也徽墨今古第一者上比潘谷蔡滔中間猶容十許人況李廷珪乎

朱萬初墨

楊慎曰元有朱萬初善製墨純用松烟蓋取三百年摧朽之餘精英之不可泯者用之非常松也天曆乙巳開奎章閣揀儒臣親侍翰墨榮公存初康里公子山皆侍閣下以朱萬初所製墨進大稱旨得祿食藝文館虞文靖公贈之詩曰霜雪摧殘澗壑非根深千

歲斧斤遑寸心不逐飛烟化還作玄雲繞紫微葢紀兹事也又曰萬初之墨沉着而無留跡輕清而有餘潤其品在郭圯父子間又跋其後曰近世墨以油烟煬松烟姿媚而不深重萬初既以墨顯又得眞定劉法造墨法於石刻中以爲劉之精藝深心盡在於此必無誤後世因覃思而得之余嘗謂松烟墨深重而不姿媚油烟墨姿媚而不深重若以松脂爲炬取烟二者兼之矣宋徽宗嘗以蘇合油搜烟爲墨至金章宗購之一兩墨價黃金一斤欲倣爲之不能此謂墨

可也

玉泉墨畫眉墨

南中楊生製墨不用松烟止以燈煤爲之名玉泉墨又金章宗宮中以張遇麝香小御團爲畫眉墨余謂玉泉之名與燈煤無干只以東坡佛幌輕烟爲名豈不奇絕

松墨

古墨惟以松烟爲之曹子建詩墨出青松烟筆出狡兎翰唐詩輕翰染松烟東坡詩徂徠無老松易水無

良工此說載王方翼燎松丸墨富家聞見錄云唐李超易水人與子廷珪亡至歙州其地多松因留居以墨名家仇池筆記眞松煤遠烟自有龍麝氣世之嗜者如滕達蘇浩然呂行甫暇日晴暖研墨水數合弄筆之餘乃啜飲之又云衢蔡瑤自烟煤膠外一物不用特以和劑有法甚黑而光近世稱徽墨率用桐油烟既非古法墨成亦用漆爲衣始光東坡云光而不黑索然無神氣亦復安用始此等耶予得法墨於異人祇用烟膠成即光如漆名之曰一品玄霜殆不虛

也

香與墨同關紐

邵安又與朱萬初帖云深山高居爐香不可缺退休之久佳品乏絕野人爲取老松栢之根枝葉實共擣治之研楓肪羣和之每焚一丸亦足助清苦今年大雨時行土潤溽暑特甚萬初致石鼎清晝香空齋蕭寒遂爲一日之借良可喜也萬初本墨妙又兼香癖蓋墨之與香同一關紐亦猶書之與畫謎之與禪也

洞天筆錄

宋　趙希鵠

筆法

製筆之法以尖齊圓健爲四德毫堅則尖毫多則色紫而齊用檾貼襯得法則毫束而圓用以純毫附以香狸角水得法則用久而健栁貼云副齊則波製有憑管小則運動有力毛細則點畫無失鋒長則洪潤自由筆之玄樞當盡于是今人毫少而狸檾倍之筆不耐寫豈筆之咎哉爲不用料耳

毫

筆之所貴者在毫廣東番禺諸郡多以青羊毛爲之以雉尾或鷄鴨毛爲蓋五色可觀或用豐狐毛鼠鬚虎毛羊毛麝毛鹿毛羊鬚胎髮猪鬃貍毛造者然皆不若兎毫爲佳兎以崇山絕壑中者兎肥毫長而銳秋毫取健冬毫取堅春夏之毫則不堪矣若中秋無月則兎不孕毫少而貴朝鮮有狼尾筆亦佳近日所製尤絕妙

管

古有金管銀管斑管象管玳瑁管玻瓈管鏤金管綠沉漆管棕竹管紫檀管花梨管然皆不若白竹之簿標者爲管最便持用筆之妙盡矣他又何尚焉冬月以紙帛衣管以避寒者似亦難用悉不取也

式

舊製筆頭式如筍尖最佳後變爲細腰葫蘆様初寫似細宜作小書用後腰散便成水筆即爲棄物矣當從舊製可也

工

古者蒙恬創筆南朝有姥善作筆開元中筆匠名鐵頭能瑩管如玉宣州有諸葛高常州許頵國朝有六繼翁王古用皆湖人徃金陵吉水有鄭伯清吳興有張天錫惜乎近俱失傳其妙大抵海內筆工皆不若湖之得法畫筆以杭之張文貴爲首稱而張亦不妄傳人今則善惡無准世業不修似亦可惜楊州之中管鼠心畫筆用以落墨白描佳絕水筆亦妙

藏

筆以十月正二月收者爲佳文房寶飾云養筆以硫

黄酒舒其毫蘇東坡以黄連煎湯調輕粉蘸筆頭候乾收之則不蛀黄山谷以川椒黄蘗煎湯磨松烟染筆藏之尤佳

滌

妙筆書後即入筆洗中滌去滯墨則毫堅不脫可耐久用寫完即加筆帽免挫筆鋒若有油膩以皂角湯洗之

瘞

古人重筆用敗則瘞今人委之糞土似非雅厚昔趙

光逢薄遊襄漢濯足溪上見一方磚類碑上題云髡友退鋒郎功成鬢髮霜塚頭封馬鬣不敢負恩光後題獨孤貞節立磚上積有苔痕此盖好事者瘞筆之所

筆經

劉向說苑王滿生說周公籍筆牘書之則周公時巳有筆矣韋誕筆經曰製筆之法桀者居前毳者居後强者爲刃愞者爲輔參之以檾束之以管固以漆液澤以海藻濡墨小試直中繩曲中勾方圓中規矩終

日握而不敢故曰筆妙又柳公權一帖云近蒙寄筆深慰遠情但出鋒太短傷於勁硬所要優柔出鋒須長擇毫須細取管在大副切須齊副齊則波製有凴管小則運動省力毛細則點畫無失鋒長則洪潤自由此帖論筆之妙頗盡故稡書之

洞天研錄

宋　趙希鵠

論研

研以端歙爲上古端之舊坑下岩天生石子溫潤如玉眼高而活分布成象磨之無聲貯水不耗發墨而不壞筆者爲希世之珍有無眼而佳者第白端綠端非眼不易辨也歙亦如之但無眼耳大抵端取細潤停水歙取縝密發墨兼之斯爲寶矣然皆難得今惟取其質之堅膩琢之圓滑色之光彩聲之清泠體之

厚重藏之完整傳之久遠爲可貴耳

養研

凡硯池水不可令乾每日易以清水以養石潤磨墨處不可貯水用過則乾之久浸則不發墨

滌硯

日用硯須日滌去其積墨敗水則墨光瑩潤若過一二日則墨色差減春夏二時霉溽蒸濕使墨積久則膠泛滯筆又能損硯精彩尤須頻滌以萆麻子擦硯滋潤不得以滾湯滌硯不可以氊片故紙揩拭恐氊

毛紙屑以混墨色端溪有洗硯石絕佳今以皂角清水滌之爲妙或以半夏切片擦硯極去滯墨或以絲瓜穰滌洗或以蓮房殼滌洗去垢起滯又不傷硯絕佳大忌滚水磨墨茶亦不可尤不宜令頑童持洗

試新墨

新墨初用膠性并稜角未伏不可重磨恐傷硯質

藏研

端溪水中出一草芊芊可愛石工取石琢研訖廼用其草裹之故自嶺表迄中夏而無損也取以爲囊藏

研最佳或以文綾爲囊韜避塵垢寘之笥匣不可以研壓研恐傷研材

冬月研

冬天嚴寒不可用佳硯得青州熱鐵研可以敵凍炙研須用四脚揮爐架火研上微微逼之或用研爐亦可

朱研

亦得舊石者方妙或用白端亦可

墨繡

研池邊斑駁墨跡久浸不浮者名曰墨鏽爲古硯之徵最難得者不可磨去致規栻漆琴之誚

洞天書錄

宋　趙希鵠

論書

書貴宋元者何哉以其雕鏤不苟挍閲不訛書寫肥細有則刷印清明況多奇書未經後人重刻故海内名家評書次第爲價之輕重以墳典六經騷國史記漢書文選爲最詩集及百家醫方次之文集道釋二書又其次也宋書紙堅刻軟字畫如寫格用單邊間多諱字用墨稀薄雖着水濕燥無湮跡開卷一種書

香自生異味元刻倣宋單邊濶多一線字畫不分麄細紙鬆刻硬用墨穢濁中無諱字開卷了無嗅味嘗見宋板漢書不惟内紙堅白每本用澄心堂紙數幅爲副今歸吳中不可得矣次以活襯竹紙爲佳蠶繭鵠白藤紙固美而存遺不黄若糊背及以官券殘紙者則惡矣元補宋板遺缺其去猶未易辨國初補元板遺缺内有單邊雙邊之異且字刻迥別不辨自明矣近日作假宋板書者種種若舊初非今書彷彿或令人先聲指爲故家某姓所遺百計瞽惑售者莫可

窺測多混名家收藏者當具法眼辨証

獻售

今宦塗率以書爲贄惟上之人好焉則諸經史類書卷帙叢重者不逾時集矣朝貴達官多有數萬以上者往往猥複相糅芟之不能萬餘精綾錦標連窻委棟朝夕以享羣鼠而異書秘本百無二三盍殘篇短帙篋簏所遺羔雁弗列位高責冗者又無暇綴拾之名常有餘而實遠不副也

燕中刻本亦希而其地適東南之會文獻之中三吳

七閩典籍萃焉諸賈多武林龍丘巧於壟斷每瞷故家有儲蓄而子姓不才者以術鉤致或就其家獵取之此蓋海內皆然楚蜀交廣便道所攜間得新異關洛燕秦仕宦橐裝所挾往往寄鬻市中省試之歲甚可觀也吳會金陵擅名文獻刻本至多鉅秩類書咸會萃焉海內商賈所資二方十七閩中十三燕越弗與也然自本方所梓外他省至者絕寡雖連楹麗棟蒐其奇秘百不二三蓋書之所出而非所聚也至薦紳博雅勝士韻流好古之稱籍籍海內其藏蓄當甲諸方矣

凡燕中書肆多在大明門之右及禮部門之外及拱宸門之西每會試舉子則書肆列於場前每花朝後三日則移於燈市每朔望并下澣五日則徙於城隍廟中燈市極東城隍廟極西皆日中貿易所也燈市歲三日城隍廟月三日至期百貨萃焉書其一也

刻地

凡刻之地有三吳也越也閩也蜀本宋最稱善近世甚希燕粵秦楚今皆有刻類自可觀而不若三方之盛其精吳爲最其多閩爲最越皆次之其直重吳爲

最其直輕閩爲最越皆次之

印書

凡印書永豐綿紙上常山東紙次之順昌書紙又次之福建竹紙爲下綿貴其白且堅東貴其潤且厚順昌堅不如綿厚不如東直以價廉取稱閩中紙短窄黧脆刻又舛訛品最下而直最廉余筐篋所收什九此物即稍有力者弗屑也

書直

凡書之直之等差視其本視其刻視其紙視其裝視

其刷視其緩急視其有無本視其鈔刻校視其譌正
刻視其精粗紙視其美惡裝視其工拙印視其初終
緩急視其時又視其用遠近視其代又視其方合此
七者參伍而錯綜之天下之書之直之等定矣

讐對

葉少藴云唐以前凡書籍皆寫本未有模印之法人
以藏書爲貴人不多有而藏書者精於讐對故往往
皆有善本學者以傳錄之艱故其誦讀亦精詳五代
時馮道始奏請官鏤板印行國朝淳化中復以史記

前後漢付有司摹印自是書籍刊鏤者益多士大夫不復以藏書爲意學者易於得書其誦讀亦因滅裂然板本初不是正不無訛誤世既一以板本爲正而藏本日亡其訛謬者遂不可正甚可惜也此論宋世誠然在今則甚相反蓋當代板本盛行刻者工直重鉅必精加讐挍始付梓人即未必皆善尚得十之六七而鈔錄之本往往非讀者所急好事家以備多聞束之高閣而已以故謬誤相仍大非刻本之比凡書市之中無刻本則鈔本價十倍刻本一出則鈔本咸

廢不售矣

藏書

藏書于未梅雨之前晒取極燥入櫝中以紙糊門外及小縫令不通風蓋蒸氣自外而入也納芸香麝香樟腦可辟蠹（芸香即今之七里香也）

觀書

勿捲腦勿折角勿以爪侵字勿以唾揭幅勿以作枕勿以夾紙隨損隨修隨開隨掩則無傷殘（出子昂書跋）

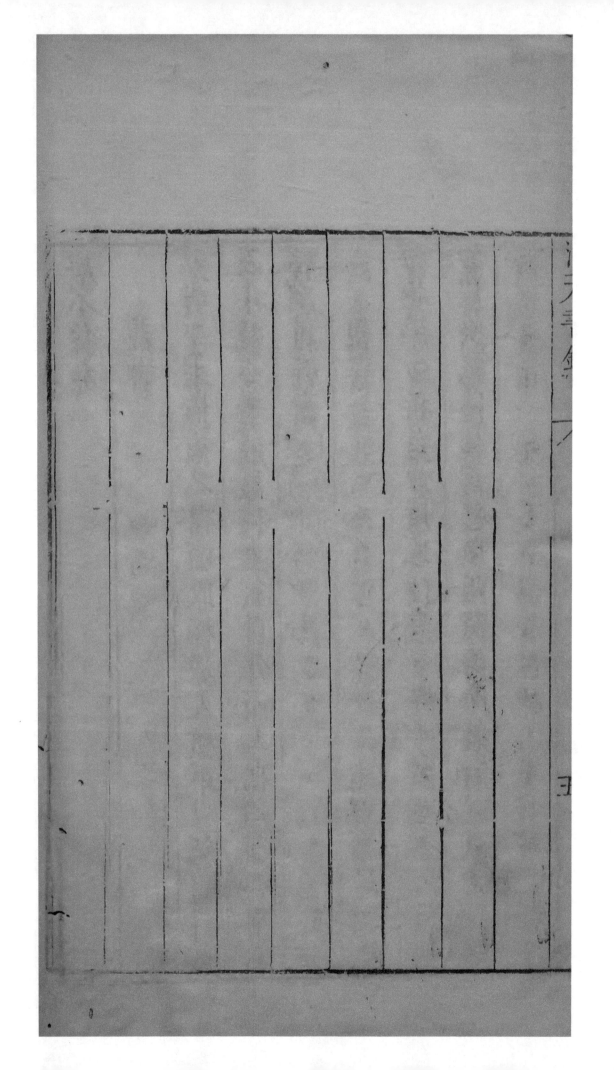

洞天香錄

宋　趙希鵠

論香

香之爲用其利最溥物外高隱坐語道德焚之可以清心悅神四更殘月興味蕭騷焚之可以暢懷舒嘯晴窗搨帖揮麈閒吟篝燈夜讀焚以遠辟睡魔謂古伴月可也紅袖在側密語談私執手擁爐焚以薰一熱意謂古助情可也坐雨閉窗午睡初足就案學書啜茗味淡一爐初爇香靄馥馥撩人更宜醉筵醒客

皓月清宵冰絃戛指長嘯空樓蒼山極目未殘爐爇香霧隱隱遶簾又可祛邪辟穢隨其所適無施不可品其最優者伽南止矣第購之甚艱非山家所能卒辦其次莫若沉香沉有三等上者氣太厚而反嫌於辣下者質太枯而又涉於煙惟中者約六七分一兩最滋潤而幽甜可稱妙品煮茗之餘即乘茶爐火便取入香鼎徐而爇之當斯會心景界儼居太清宮與上真游不復知有人世矣噫快哉近世焚香者不博真味徒事好名兼以諸香合成鬬奇爭巧不知沉香

出於天然其幽雅冲澹自有一種不可形容之妙若修合之香既出人爲就覺濃豔即如通天燻冠慶真龍涎雀頭等項縱製造極工本價極費決不得與沉香較優劣亦豈貞夫高士所宜耶

伽南香

有糖結伽南鋸開上有油如飴糖黑白相間黑如墨白如糙米焚之初有羊羶微氣有金絲伽南色黄止有綹若金絲惟糖結爲佳

角沉香

質重劈開如墨色者佳不在沉水好速亦能沉也有以碎沉香輳煉成大塊以市於人當細辨之

片速香

俗名鯽魚片雉雞斑者佳有僞爲者亦以重實爲美

唵叭香

一名黑香以軟淨色明者爲佳手指可撚爲丸者妙甚惟都中有之

香角

俗名牙香以面有黑爛色者爲鐵面純白不烘焙者

爲生香其生香之味妙甚在廣中價亦不輕

降眞香

紫實爲佳茶煮出油焚之

白膠香

有如明條者佳

黃檀香

黃實者佳茶浸炒黃去腥

芙蓉香

京師劉鶴製妙

蒼朮

句容茅山産細梗如猫糞者佳

萬春香

内府者佳

蘭香

以魚子蘭蒸低速香牙香塊者佳近以木香滚以棍蒸者惡甚

安息香

都中有數種總名安息其最佳者劉鶴所製月麟香

聚仙香沉速香三種百花香即下矣

龍挂香

有黄黑二品黑者價高惟内府者佳劉鶴所製亦可

甜香

惟宣德年製淸遠味幽可愛燕市中貨者罈黑如漆白底上有燒造年月每罈二三斤有錫罩盖罐子一斤一罈者方眞

黄香餅

王鎮住東院所製黑沉色無花紋者佳甚僞者色黄

惡極

黑香餅

劉鶴二錢一兩者佳前門外李家印各色花巧者亦妙

京線香

前門外李家第二分每束價一分佳甚

龍楼香

内府者佳

玉華香

武林高深甫所製

暖閣香

有黃黑二種劉鶴製佳

黑芸香

河南短束城上王府者佳

香爐

官哥定窰龍泉宣銅潘銅彝爐乳爐大如茶杯而式

雅者爲上

香盒

有宋剔梅花蔗段盒金銀爲素用五色膝胎刻法深淺隨粧露色如紅花綠葉黃心黑石之類奪目可觀有定窑饒窑者有倭盒三子五子者有倭撞可携遊必須子口緊密不泄香氣方妙

隔火

銀錢雲母片玉片砂片俱可以火浣布如錢大者銀鑲周圍作隔火猶難得凡盞隔火則炭易滅須於爐四圍用筋直搠數十眼以通火氣周轉方妙爐中不可斷火即不焚香使其長溫方有意趣且灰燥易燃

謂之靈灰其香盡餘塊用磁盒或古銅盒收起可投
入火盆中薰焙衣被

匙筯

雲間胡文明製者佳南都白銅者亦適用金玉者似
不堪用

筯瓶

吳中近製短頸細孔者插筯下重不仆古銅者亦佳
官哥定窑者不宜日用

香盤

紫檀烏木爲盤以玉爲心用以揷香

爐

書齋中薫衣炙手對客常談之具如倭人所製漏空罩蓋漆鼓可稱清賞今新製有罩蓋方圓爐亦佳

爐灰

以紙錢灰一斗加石灰二升水和成團入大灶中燒紅取出又研絕細入爐用之則火不滅忌以雜火惡炭入灰炭雜則灰死不靈入火一蓋即滅有好奇者用茄蔕燒灰等說太過

香炭墼

以雞骨炭碾爲末入葵葉或葵花少加糯米粥湯和之成餅或爛棗入石灰和炭造者亦妙

留宿火法

好胡桃一枚燒半紅埋熱灰中三五日不滅

香都總匣

嗜香者不可一日去香書室中宜製提匣作三撞式用鎖鑰啓閉內藏諸品香物更設磁合磁確銅合漆匣木匣隨宜置香分布於都總管領以便取用須造

子口緊密勿令香泄爲佳

古玩品

古杭高濂

古玉

古玉器物白玉爲上　有紅如血者謂之血玉古人又謂之屍古最佳　青玉上　有黑漆古　有渠古有甄古者價低　嘗見菜玉連環上黴然黄土一重並洗不去此土古也

沙子玉

此玉罕得比之白玉此玉粉紅潤澤多作刀靶環子

之類少有大者

一三　罐子玉

雪白罐子玉係北方用藥於罐子內燒成者　若無氣眼者與真玉相似但比真玉則微有蠅脚久遠不潤且脆甚

一四　瑪瑙

瑪瑙多出北地南蕃西蕃亦有非石非玉堅而且脆快刀刮不動凡看碗碟器皿要樣範好碾得薄不變石者爲佳　其中有人物鳥獸形者爲貴　有錦花

者謂之錦紅瑪瑙　有漆黑中一線白者謂之合子瑪瑙　有黑白相間者謂之截子瑪瑙　有紅白雜色如絲相間者謂之纏絲瑪瑙此幾種皆貴　有淡水花者謂之漿水瑪瑙　有紫紅花者謂之醬斑瑪瑙　有海蟄色鬼面花者皆價低

水晶

古語云千年氷化爲水晶其性堅而脆刀刮不動色白如泉清明而瑩無纖毫瑕玷擊痕者爲佳

凡器皿碗盞素者爲好　但碾花者必有節病出處

倭國多水晶第一　南水晶白　北水晶黑　信州水晶濁

玻瓈

玻瓈出南蕃有酒色紫色　白色與水晶相似　器皿背多礙兩點花兒是眞　其藥燒者入手輕　有氣眼如琉璃相似

南珠

南珠出南蕃海蚌中南蕃者好廣西者易黄要身分圓及色白而精光者價高以大小粒數等分兩定價

古云一粒圓十粒錢又云一圓二白今廣東廉州府合浦縣海中出珠

北珠

北珠出北海亦論大小分兩定價看身分圓轉身青色披肩結頂者價高　如骨色粉白油黄渾色者價低　佐暫聞本縣四十九都繞源王士　家其先卜蕃其家分金銀一雙環子珠大而圓作三百兩銀

石榴子

石榴子出南蕃類瑪瑙顔色紅而明瑩如石榴肉相

似故名曰石榴子可廂嵌用

車渠

車渠形似蚌極厚大色白有紋理不甚直錢

琥珀

琥珀出南蕃西蕃乃楓木之精液多年化為琥珀其色黄而明瑩潤澤其色若松香色紅而且黄者謂之明珀有香者謂之香珀有鵞黄色者謂之蠟珀此等價輕　深紅色者出高麗倭國其中有蜂蟻松枝者甚可愛　眞者以琥珀於皮膚上揩熱用紙片些小

離卓子寸許以琥珀吸之則自然飛粘或以稻草寸許試之

珊瑚樹

珊瑚樹生大海中山陽處水底海人以鐵網取之其色如銀硃鮮紅樹身高大枝柯多者爲勝但有髓眼及淡紅色者價輕此物貴賤並隨珊珠枝柯有斷者用釘稍釘定熔紅蠟粘接宜仔細看之如有零碎材料每兩直價

玳瑁

瑇瑁出南蕃山海中白多黑少者價高但黑斑多者不為奇 有移斑者用龜筒夾玳瑁黑點見宜仔細驗之

謙按字書瑇瑁是大龜背文 有黃多黑少者有黃黑相半者好者其黃如蜜其黑如漆古人云黃者黃如蜜黑者黑如漆其低者黑白不分或黃黑散亂

蠟子

蠟子出南蕃西蕃性堅有紅蠟紫蠟亦有酒色者俱

明瑩　凡器物須看礙得奇巧者爲佳

犀角

犀角出南番西番雲南亦有成株肥大花兒者好及正透者價高成株瘦小分兩輕花兒者不好但可入藥用　其紋如魚子相似謂之粟紋每粟紋中有眼謂之粟眼此謂之山犀　凡器皿要滋潤粟紋縱花兒者好其色黑如漆黃如粟上下相透雲頭雨脚分明者爲佳　有通天花紋犀備百物之形者最貴有重透紋者黑中有黃花黃中有黑花或黄中有黄

黑中又有黑　有正透紋者黑中有黃花古云通犀
此二等亦貴　有倒透者黃中有黑花此等次之
有花如椒豆斑者色深者又次之　有斑散而色淡
者又次之　有黑犀無花而純黑者但可車象棋不
甚直錢　凡犀帶有角地上貼好犀作面而夾成一
片者可驗底面花兒大小遠近見於側畔等合縫處
可見眞僞　又有原透花兒不齊整用藥染黑者則
無雲頭兩腳黃黑連處純黑而不明　但有粟紋不
圓者必是原透花兒不居中用湯煮軟攢打端正不

是生犀宜一一驗之　凡器皿須要雕琢工夫及精巧好宜頻頻看之不可見日恐燥而不潤故也

象牙

象牙出南蕃西蕃及廣西交趾雲南皆有南蕃者長大廣西安南者短小新鋸開粉紅色者最佳雲南麓別出作梳子直者好橫者易斷

紫金

紫金古云半兩錢即紫金今人用赤銅和黃金為之然世人未嘗見真紫金也

鑌鐵

鑌鐵出西蕃面上有旋螺花者有芝麻雪花者自然或有斧鑿痕則僞也

錠鐵

錠鐵出甘肅北方青黑色性最堅燥北方多用此鐵作利刀其價直低於鑌鐵多矣　閩廣衡鐵　廣東鐵高衡州鐵無用易斷閩鐵亦好

古銅色

銅器入土千年色純青如翠　入水千年色純綠如

瓜皮皆瑩潤如玉未及千年雖有青綠而不瑩潤有土蝕穿破一作剝處如蝸篆古之鑄器以蠟爲模花紋細如髮而勻淨分曉識文筆劃如簡而不深峻大小淺深如一並無硃砂斑之類此乃作事之精緻也其欵識稍有模糊不勻淨及模範不端正者以野鑄也

鑄古銅

用釅醋調硇砂末白傅新銅器上候成蠟茶色或漆色或綠色入水浸後用糯稻草燒煙薰之以新布擦

先撥刷刷之僞硃砂斑以漆調硃砂爲之然俱在外一塗能入骨最易辨也

三代器

夏尚忠商尚質周尚文其制器亦然商器質素無文周器雕篆細密而夏器獨不然　嘗有夏器於銅上廂嵌以金其細如髮夏器大抵皆然廂嵌今訛商嵌

局器

唐天寶間至南唐後主時於句容縣置官場以鑄之故其上多有監官花押其體輕薄花細而可愛非古

器也　亦有微青綠色及硃砂斑者不能徹骨瑩徹

新銅器

宋句容縣及台州鑄者多是小雷紋薄兒　元杭州姜娘子平江路王吉鑄銅器皆得名花紋却粗姜鑄勝於王吉俱不甚直錢

古鑄

凡刀劍器打磨光淨用金絲礬礬之其花則見價直過銀　古語云識鐵强如識金　假造者是黑花宜仔細辯驗　刀子有三絕大金水總管刀一也　西

蕃鸂鶒木靶二也　韃靼鞾皮鞘三也　嘗有鑌鐵剪刀一把製作極巧外面起花鍍金裏面嵌銀回回字者

古銅款識

古云款乃花紋以陽飾器皿居外而凸　識乃篆字以紀工所謂　偶居內而凹者　三代用陰識其字凹　入漢用陽識其字凸　其間有凹者亦陰鑄　盖陰識難鑄陽識易成陽識者決非三代之器也　凸音迭　凹音拗平聲

古香爐

尚古無香焚蕭艾尚氣臭而已故無香爐今所用者皆古之祭器鼎彝之屬非香爐也惟博山爐乃漢太子宮中所用香爐也香爐之製始於此多有象古新鑄者當以體質顏色辨之

窯器辨

柴窯

柴窯器出北地河南鄭州世傳周世宗姓柴氏時所燒者故謂之柴窯天青色滋潤細膩有細紋多是粗

黃土足近世少見

汝窯

汝窯器出汝州宋時燒者淡青色有蟹爪紋者真無紋者尤好土脉滋潤薄亦甚難得

官窯

官窯器宋修内司燒者土脉細潤色青帶粉紅濃淡不一有蟹爪紋紫口鐵足色好者與汝窯相類有黑土者謂之烏泥窯僞者皆龍泉所燒者無紋路

董窯

董窑出

淡青色細紋多有紫口鐵足比官窑無紅色質麄而

不細潤不逮官窑多矣今亦少見

哥哥窑

舊哥哥窑出

色青濃淡不一亦有鐵足紫口色好者類董窑今亦

少有群隊者是元末新燒土脉麄燥色亦不好

象窑

象窑器皿出

有蟹爪紋色白而滋潤者高色黃而質粗者低俱不甚直錢

論高麗窑

古高麗窑器皿色粉青與龍泉窑相類上有白花朶兒者不甚直錢

大食窑

大食窑器皿出以銅作身用藥燒成五色花者與佛郎嵌相似嘗見香爐花瓶合兒盞子之類但可婦人閨閣之中用

非士大夫文房淸玩也　又謂之鬼國窯　今雲南人在京多作酒盞俗呼曰鬼國嗛　內府作者細潤可愛

古定窯

古定器俱出北直隸定州土脉細色白而滋潤者貴質粗而色黄者價低外有淚痕者是眞劃花者最佳素者亦好繡花者次之一宋宣和政和間窯最好但難得隊者　有紫定色色紫　有墨定色黑如漆　土俱白其價高於白定一

東坡詩云定州花瓷琢紅玉　凡窯器有茅篾骨出者價輕　蓋損曰茅路曰篾無油水曰骨此乃賣骨董市語也

吉州窯

吉州窯出今吉安府廬陵縣永和鎮　其色與紫定器相類體厚而質粗不甚直錢

宋時有五窯書公燒者最佳有白色有紫色花大者直數兩

其小者有花又有碎器最佳

相傳云宋文丞相過此窰變成玉遂不燒永樂中或

掘之玉杯盞之類理或然也

古磁器

古磁器出河北彰德府磁州

好者與定器相似但無淚痕亦有劃花繡花素者價

高於定器新者不足論也

古建窰

建碗器出福建

其碗盞多是擎口色黑而滋潤有黃兎斑滴珠大者

真但體極厚俗甚少見薄者

古龍泉窰

古龍泉窰在今浙江處州府龍泉縣今曰處器青器

古青器土脉細且薄翠青色者貴　有粉青色者

有一等盆底有雙魚　盆外有銅掇環　體厚者不

甚佳

古饒器

古饒器出今江西饒州府浮梁縣

御土窰者體薄而潤最好　有素折腰様　毛口者

體雖薄一作厚色白且潤尤佳其價低於定器

元朝燒小足印花者內有樞府字者高　新燒大足素者欠潤　有青色及五色花者且俗甚　今燒此器好者色白而瑩最高　又有青黑色戧金者多是酒壺酒盞甚可愛

霍器

霍器出山西平陽府霍州

彭窰

元朝戧金匠彭均寶效古定器制折腰樣者甚整齊

故名曰彭窑　土脉細白者與定器相似比青口欠
滋潤極脆不甚直錢　賣骨董者稱爲新定器好事
者以重價收之尤爲可笑

古漆器論

古犀毗

古剔犀器皿　以滑地紫犀爲貴底如仰瓦光澤而
堅薄其色如膠棗色俗謂之棗兒犀亦有剔深峻者
次之　福州舊做者色黄滑地圓花兒者謂之福犀
堅且薄亦難得　有雲者是也

元朝嘉興府西塘楊滙新作者雖重數多剔得深峻
者其膏子少有堅者但黄地子者最易浮脫

剔紅

剔紅器皿無新舊但看硃厚色鮮紅潤堅重者爲好
剔劍環香草者尤佳一若黄地子剔山水人物及花
木飛走者雖用工細巧容易脫起一硃薄而紅者價
低

宋朝内府中物多是金銀作素者

元朝嘉興府西塘楊滙有張成楊茂剔紅最得名但

胎薄而不堅者多　日本國琉璃國獨愛此物　今雲南大理府人專工作此然僞者多　南京貴戚多有此物　有一等通硃紅　有一等帶黑色　好者絕高　僞者亦多宜仔細辨之

堆紅

假剔紅用灰團起外用硃漆漆之故曰堆紅但作劍環及香草者多不甚直錢　又曰罩紅今雲南大理府多有之

戧金

戧金器皿漆堅戧得好者為上

元朝初嘉興府西塘有彭君寶者甚得名戧山水人物亭觀花木鳥獸種種臻妙　寧國府今有描金器皿兩京匠人亦多作之

攢犀

攢犀器皿漆堅者多是宋朝舊做鎗金人物景致用鑽鈒空閑處故謂之攢犀

螺鈿

螺鈿器皿出江西吉安府廬陵縣

宋朝內府中物及舊做者俱是堅漆或有嵌銅線者甚佳

元朝將富家不限年月做造漆堅而人物細可愛

古錦

古有樓閣錦　樗蒲錦　又曰闍婆錦　紫駝花鸞鵲錦　此錦裝背古畫尤佳　今蘇州府有落花流水錦　及各色錦

刻絲作

刻絲作宋時舊織者白地或青地子織詩詞山水或

燕京人物花木鳥獸其配色如傳彩又謂之刻色作
此物甚難得　嘗有舞裀濶一尺有餘者且匀淨謹
厚

紵絲作

紵絲作新織者類刻絲作而欠光淨謹厚不逮刻絲
多矣又曰紵絲作